职业教育汽车类专业新形态教材

「十四五」职业教育国家规划教材

汽车美容与装潢

第二版

主 编 刘琦琪 罗 斌

重庆大学出版社

内容简介

本书有绪论、汽车外部美容、汽车内饰美容、加装常见安全防护设备和汽车电器装饰5个项目，除介绍了汽车车表清洗、漆面附着物清除、新车开蜡、漆面打蜡、漆面研磨抛光等传统的汽车美容项目外，还介绍了汽车玻璃修复、加装倒车雷达、倒车后视、汽车空调清洗等现代汽车美容行业逐渐兴起的项目。本书以任务为主线，侧重于实践操作，细化了操作步骤并配有大量的操作过程图片，而且还配有大量的操作视频，可以通过手机扫码观看，也可以登录资源网站观看和下载。

本书为中等职业学校汽车类专业汽车美容与装潢课程教材，也可以作为自学者或技术人员的参考书。

图书在版编目（CIP）数据

汽车美容与装潢／刘琦琪，罗斌主编．--2版．--
重庆：重庆大学出版社，2023.1（2024.8重印）
职业教育汽车类专业新形态教材
ISBN 978-7-5624- 9790-5

Ⅰ.①汽…　Ⅱ.①刘…②罗…　Ⅲ.①汽车—车辆保
养—中等专业学校—教材　Ⅳ.①U472

中国版本图书馆CIP数据核字（2022）第019367号

职业教育汽车类专业新形态教材
汽车美容与装潢
第二版

主　编　刘琦琪　罗　斌
责任编辑：章　可　王晓蓉　版式设计：章　可
责任校对：关德强　　　　　责任印制：赵　晟

*

重庆大学出版社出版发行
出版人：陈晓阳
社址：重庆市沙坪坝区大学城西路21号
邮编：401331
电话：（023）88617190　88617185（中小学）
传真：（023）88617186　88617166
网址：http://www.cqup.com.cn
邮箱：fxk@cqup.com.cn（营销中心）
全国新华书店经销
重庆市国丰印务有限责任公司印刷

*

开本：787mm×1092mm　1/16　印张：9.25　字数：227千
2016年8月第1版　2023年1月第2版　2024年8月第4次印刷
ISBN 978-7-5624-9790-5　定价：35.00元

编写组

重庆市立信职业教育中心　　　　　重庆市工贸高级技工学校

重庆市巴南职业教育中心　　　　　重庆工业管理职业学校

重庆市九龙坡职业教育中心　　　　重庆市丰都县职业教育中心

重庆工商学校　　　　　　　　　　重庆市涪陵信息技术学校

重庆市渝北职业教育中心　　　　　重庆市忠县职业教育中心

重庆市黔江区民族职业教育中心　　重庆市三峡水利电力学校

重庆市经贸中等专业学校　　　　　重庆市铜梁职业教育中心

重庆荣昌职教中心　　　　　　　　重庆市梁平职业教育中心

重庆市大足职业教育中心　　　　　重庆市奉节职业教育中心

重庆市江南职业学校　　　　　　　重庆市农业机械化学校

重庆市永川职业教育中心　　　　　彭水苗族土家族自治县职业教育中心

重庆市綦江职业教育中心　　　　　重庆别克公司

重庆市垫江县第一职业中学校　　　重庆西南富豪汽车销售服务有限公司

重庆工业高级技工学校　　　　　　重庆天泽汽车服务连锁有限公司

重庆市科能高级技工学校　　　　　中国汽车工程学会汽车应用与服务分会

重庆市育才职业教育中心　　　　　重庆所罗门汽车科技公司

重庆平湖技师学院　　　　　　　　重庆国利汽保公司

秀山土家族自治县职业教育中心

序言

近年来，作为国家经济建设支柱、在国民经济中占有举足轻重地位的汽车工业在我国得到高速发展，汽车维修与检测设备现代化、检测资讯网络化、管理电脑化等变革性趋势，改变了我国传统的汽车维修观念和作业模式。同时，教育部组织制定了《中等职业学校专业教学标准（试行）》，这对于探索职业教育的规律和特点，创新职业教育教学模式，规范课程、教材体系，推进课程改革和教材建设，具有重要的指导作用和深远的意义。所以，中职学校汽车类专业的教学内容也发生了很大的变化。

基于以上情况，重庆大学出版社组织全市中职学校汽车类专业的一线骨干教师，在高校专家的指导下，在相关企业专家的帮助下，共同编写了《中等职业教育汽车类专业系列教材》。本套教材在《国家中长期教育改革和发展规划纲要（2010—2020）》指导下，以《中等职业教育汽车运用与维修专业课程标准》为依据，遵循"拓宽基础、突出实用、注重发展"的编写原则进行编写，使教材具有如下特点：

（1）理论与实践相结合。每本书都采用"项目—任务"的形式编写，通过"任务描述""任务目标""相关知识""任务实施""任务评价""任务检测"等版块，明确学习目的，丰富教学的传达途径，突出了理论知识够用为度，注重学生技能培养的中职教学理念。

（2）充分体现以学生为本。针对目前中职学生学习的实际情况，注意语言表达的通俗性，版面设计的可读性，以任务方式组织教材内容，突出学生对知识和技能学习的主体性。

（3）与行业需求相一致。教学内容的安排、教学案例的选取与行业应用相吻合，使所学知识和技能与行业需要紧密结合。

（4）跟上行业发展。本套教材注意反映汽车行业的新技术、新水平、新趋势，特别是通过实时更新数字资源内容，使教学与行业发展不脱节。

（5）将素质教育融入其中。在教材中，结合教学案例有机地对学生进行素质教育，包括爱国、爱家、遵纪守法、职业素养、职场安全等内容。

（6）强调教学的互动性。通过"友情提示""试一试""想一想""练一练"等栏目，建立教学互动平台，把教与学有机结合起来，增加学生的学习兴趣，培养学生的自学能力和创新意识。

（7）重视教材的立体资源配套。本套教材建有数字化教学平台，内容涵盖每门课程的课程目标、电子教案、教学PPT、教学资源（视频、动画、文字、图片）、测试题库、考核方案等，为教学提供支撑。特别通过二维码技术，将资源与纸质教材有机结合起来。

（8）装帧设计新颖。采用双色和彩色印刷，色彩搭配清新、明丽，版式设计具有现代感，符合中职学生的审美趣味。

总之，这套教材实用性和操作性较强，能满足中等职业学校汽车类专业人才培养目标的要求，能满足学生对汽车类专业技术学习的不同需要。希望这套教材能受到广大师生们的喜欢，为中职学校汽车类专业的发展做出贡献。

编写组

2016年5月

前言

随着中国汽车产业的飞速发展，汽车作为一种代步工具走进了普通老百姓的家庭。2020年我国累计生产汽车2 522.5万辆，销售汽车2 531.1万辆，产销量均居世界第一。随着私家车的增多，形成了庞大的汽车后市场。特别是汽车美容与装饰逐渐被重视，其热潮在不断升温，应运而生的汽车美容与装饰市场已经逐渐成型并趋于正规化，车主对汽车美容与装饰的认同和参与度越来越高，相关技术也在不断进步。

为了适应汽车美容与装饰市场的发展和学校的教学需要，促进中职汽车类专业学生对汽车美容与装饰市场的了解和技术的掌握，编者在从事汽车美容工作及教学工作多年的基础上，采用项目—任务形式编写了本书。

本书共5个项目，分别为绪论、汽车外部美容、汽车内饰美容、加装常见安全防护设备和汽车电器装饰。本书在教学过程中加强理论与实践的结合，采用理实一体化的教学模式。本书侧重于实践操作，细化了操作步骤并且配有大量的操作过程图片，而且还配有大量的操作视频以及相关知识介绍，可以通过手机扫二维码直接观看，也可以登录资源网站观看和下载，有助于读者掌握操作技能，拓展相关知识。

本书各任务的学时分配建议如下：

序号	项目	任务	学时
1	绪论	任务一 汽车美容基本知识	2
		任务二 环车检查	2

序号	项 目	任 务	学时
2	汽车外部美容	任务一 汽车车表清洗	4
		任务二 漆面附着物清除	2
		任务三 新车开蜡	4
		任务四 漆面打蜡	4
		任务五 漆面研磨抛光	2
		任务六 漆面镀膜	4
		任务七 玻璃贴膜	4
		任务八 汽车玻璃修复	4
		任务九 汽车车轮美容护理	2
3	汽车内饰美容	任务一 内室美容	4
		任务二 发动机舱美容	2
		任务三 汽车空调清洗	4
4	加装常见安全防护设备	任务一 加装倒车雷达、倒车后视	4
		任务二 加装行车记录仪	2
		任务三 加装发动机护板	2
		任务四 底盘"装甲"	4
5	汽车电器装饰	任务一 安装车载导航一体机	2
		任务二 安装氙气大灯	2

本书由刘琦琪、罗斌任主编。具体编写分工为：项目一、项目三和项目二中任务七、任务八、任务九由刘琦琪编写，项目二中任务一至任务六、项目四、项目五由罗斌编写。在本书编写过程中得到了好友、同行提供的珍贵资料，并参阅了汽车美容界同仁的一些著作，在此一并感谢。

本书在修订时，邀请重庆市小拇指汽车维修中心的罗吉彬和重庆市足职汽车技术有限公司的陈光来提供了技术指导，检查了全书的内容，确保技能的正确性、适用性、通用性，还提供了企业工作人员在实际工作中需要注意的要点。

汽车美容是一个新兴行业，技术发展非常迅速，由于编者知识有限，加之时间仓促，书中难免有错误和疏忽，敬请专家、同仁和读者批评指正，以便以后修订、日臻完善。

编 者

2021年12月

目录

项目一 绪 论

　　随着汽车工业的发展，社会消费时尚的流行，以及人们对事物猎奇、追求新异思想的影响，汽车款式更新换代的速度非常快，追新族们追求新车也不愿旧车贬值，因而在汽车消费与二手车市场之间，汽车美容装饰业也就应运而生。换句话说，汽车美容是工业经济高速发展、消费观念进步以及汽车文化日益深入人心的必然产物！从1994年汽车美容引入我国至今，由粗放走向成熟，使得汽车美容变得更为系统、规范与专业，因此汽车行业从业人员系统、深入地了解汽车美容的相关知识也变得更为必要和迫切。

任务一 汽车美容基础知识

任务描述

"汽车美容"源于西方发达国家,英文名称为"Car Beauty"或"Car Care""CarDitill",意思是指汽车的美化与维护。在西方国家,这一行业成为继汽车生产、销售、维修之后的第四行业。

任务目标

完成本任务的学习后,你应能:
★ 描述汽车美容的定义;
★ 描述汽车美容的作用;
★ 描述汽车美容的作业项目与内容;
★ 描述汽车美容的依据与原则。
建议学时:2学时。

任务实施

一、汽车美容的定义

汽车美容指针对汽车各部位不同材质所需的保养条件,采用不同汽车美容护理用品及施工工艺,对汽车进行保养护理。

汽车美容在传入中国之初泛指几乎所有的汽车服务项目,随着汽车后服务市场服务行业(汽车销售以后,围绕汽车使用过程中的各种服务,它涵盖了消费者买车后所需要的一切服务)的不断发展与演变,如今的汽车美容所包含的内容已经细分为:汽车洗车、汽车漆面美容(打蜡、封釉、镀膜、镀晶)、汽车内饰护理(内室清洁、内室桑拿、内室消毒)、汽车其他部件翻新(发动机翻新、轮毂翻新、大灯翻新、橡塑件翻新等内容)。汽车精品、汽车装饰等也是汽车美容的项目。此外,更为专业的汽车美容是通过先进的设备和数百种用品,经过几十道工序,从车身、车室(地毯、皮革、丝绒、仪表、音响、顶棚、冷热风口、排挡区等进行高压洗尘吸尘上光)、发动机(免拆清洗)、钢圈轮胎、底盘、保险杠、油电路等作整车处理,使旧车变成新车并保持长久,且对较深划痕可进行特殊快速修复。

二、汽车美容的特性

专业汽车美容与众不同之处在于它自身的系统性、规范性和专业性。
• 系统性就是着眼于汽车的自身特点,由表及里进行全面而细致的保养;

● 规范性就是每一道工序都有标准而规范的技术要求；

● 专业性就是严格按照工序要求采用专业工具、专业产品和专业手段进行操作。

三、汽车美容的作用

1.维护美观

汽车漆面就如人们护理皮肤一样，皮肤得不到爱护就会变得粗糙，失去弹性和光泽，就会未老先衰，汽车漆面不护理就会出现失光、变色粉化、气泡、龟裂等老化现象。适时的打蜡、镀膜、封釉处理可以为车表提供一层保护壳，不仅可以保护车表面还可以增加车身的色泽。对内饰而言，通过对内饰的清洁、护理与净化处理，不仅延缓内饰的老化，还为车主营造一种舒适美观的环境。

2.提供健康

随着汽车业的发展，人们对车室内的装饰要求也越来越高，车室内真皮丝绒座椅，顶棚、仪表板、地毯、脚垫、门板等皮、塑、橡胶、纤维物件是越来越多，品种也是越来越复杂。众所周知，车室内部平时受到外界油烟、泥沙、吸烟、乘客汗渍及空调循环等不良因素的影响，致使车室内空气污染、易藏污纳垢，不但令人生厌，而且还会使细菌滋生而产生霉味，使丝绒织物发霉，真皮老化出现断裂、掉浆、变形、粗糙、松面等后果，影响使用者的身心健康，所以不但要经常清洗汽车，还要经常进行保养、消毒。

3.增强安全

如果发动机长期在恶劣的环境下工作，表面会产生大量的污染、油污，还可能出现漏油、漏电等现象，给汽车安全带来很大的隐患，甚至发生自燃现象，所以发动机要通过保养消除安全隐患。

4.保障价值

通过汽车各部位的保养护理能达到"旧车变新，新车保值，延寿增益"的功效。

5.彰显身份

汽车本身也体现出车主的性格、修养、生活观及喜好，通过对汽车进行美容，使爱车成为代表车主身份的一张金属"名片"。

四、汽车美容的分类

根据汽车的实际美容程度，一般可将汽车美容分为简单汽车美容、汽车修复美容、专业汽车美容三类；根据美容场所的不同，也可将汽车美容分为美容店式汽车美容、家庭式汽车美容（自助汽车美容）。

1.简单汽车美容

简单汽车美容，即人们常说的洗车、打蜡。这种汽车美容对于操作设备和技术的要求较低，因而只能去除汽车表面的污物、尘土，之后的打蜡也仅增加车身表面的光亮度，是一种粗浅的美容方法。目前，这种情况在路边小店或非正规的汽车美容店比较常见，如几个人用一桶水和一条毛巾进行的"汽车美容"，这种对汽车有破坏性的"美容"建议尽量避免采用。其对汽车产生的破坏如下：

① 清洗不彻底，容易导致漆膜划伤，产生细微划痕。

② 擦拭不彻底，某些部位留有水渍，形成水痕，影响表面光泽；在无法擦干的车身凹槽处，容易产生水汽，加重漆膜即凹槽等处的腐蚀。

2.汽车修复美容

汽车修复美容是指对车身漆膜有损伤的部位进行漆膜修复，接着再进行美容。美容工序如下：砂平划痕—涂快干原子灰—研磨—涂快干底灰—涂底色漆—涂罩光漆—清除接口。

相对简单汽车美容，汽车修复美容是在设备、工具比较齐全，有一定修复美容工艺的正规汽车美容店进行的，因而能满足汽车美容的基本要求，达到一个较理想的美容护理效果。但是这种美容仅仅针对车身的漆膜部分，而未考虑其他部位，因此，所做的美容护理不够全面和彻底。

3.专业汽车美容

专业汽车美容是一个不仅包括汽车清洗、打蜡，而且还包括汽车护理用品的选择与使用、汽车油漆护理（包括各类漆面缺陷的美容、汽车划痕修复等）、汽车整容及装饰等在内的极其复杂的系统工程。所以，专业汽车美容与简单汽车美容完全不同。从一般意义上讲，专业汽车美容是通过先进的设备和数百种用品，经过几十道工序，对车身、内室（包括地毯、皮革、丝绒、仪表、音响、顶棚、冷热风口、排挡区等进行高压洗尘、吸尘、上光）、发动机（免拆清洗）、钢圈、轮胎、底盘、保险杠、油电路、空调系统、冷却系统、进排气系统等各部位作彻底的清洗、保养和维护，且对较深划痕可进行特殊快速修复，从而达到使旧车焕然一新并保持较长时间的效果。

（1）专业汽车美容的主要项目和内容

① 整车外部彻底清洁，包括大块泥沙冲洗，油污、静电去除及新车开蜡，深度清洗和漆面胶油、沥青、鸟粪等杂物处理。

② 整车的除锈、防锈、防腐蚀处理。

③ 玻璃彻底保养护理，包括抛光增亮翻新及清洁、防雾处理、加装防冻清洁剂。

④ 发动机系统的美容护理。

⑤ 漆面美容护理，包括橘皮等特殊现象的处理，漆面一度抛光翻新，去除深度氧化层、轻划痕；漆面二度抛光翻新，去除太阳纹、斑点；漆面增艳养护处理，漆面超级上釉、镀膜护理及漆面深度划痕、局部创伤快速修复。

⑥ 保险杠、车裙、挡泥板、车灯、后视镜、轮胎、轮毂、底盘等的保养护理。

⑦ 车内各部件及主要配置的保养护理。

⑧ 全车电光、镀铬表面去除氧化层抛光翻新。

⑨ 整车美容护理后的全面检查。

（2）专业汽车美容的服务效果

① 车身的翻新护理使旧车可以达到艳丽的新车效果，并能长久保持，更具有防静电、防酸雨、防紫外线的三防功能。

② 发动机的清洗翻新可使发动机形成光亮保护膜并长久保持。

③ 挡风玻璃的修复抛光能使开裂和发乌的玻璃变得清晰明亮，完好如初。

④ 轮毂、轮胎的增黑清洁护理使汽车看上去更具风格。

⑤ 室内、后备箱内部的清洁整饰使室内更加洁净、温馨、华贵。

⑥ 漆面各种层度的划痕修复或补漆之后，可使汽车漆面完好如初。

⑦ 金属裸露部分的除锈处理可以保持多年不再生锈。

⑧ 发动机经过免拆清洗后，可提高系统的性能并延长使用寿命。

（3）专业汽车美容的基本条件

要成为一个合格的汽车专业美容店（企业），必须达到以下4个方面的要求。

① 美容场所：应具有基本的美容操作工作室，其中包括清洗室、美容护理室、漆膜维修处理工作室、干燥室。

② 美容设备、工具及美容用品：各工作室应有相应的工具、设备，如清洗室应具有蒸汽清洗机、空气压缩机等设备，相关美容用品应采用正规厂家生产的合格品。

③ 美容人员：必须经过专业的培训，取得相应的技术等级证书及上岗证书才能进行施工操作。

④ 售后服务：应有必要的售后服务，它是对汽车美容的延续和补充，保障了消费者的权益和汽车美容企业的信誉和形象。

4. 自助汽车美容

简单来讲，所谓自助汽车美容就是车主自己动手对汽车进行清洁、养护和装饰。在汽车日常使用的过程中，对它进行定期美容护理是必不可少的，这样可以使汽车变得靓洁、美观，也可以减缓汽车的磨损和老化。如果把它开到路边的仅有破布、几桶水或高压水枪等简单设备的所谓美容店美容一番，表面上把汽车洗得很干净，其实是对汽车的一种破坏。当然把车开到正规的美容店可以得到彻底周到的美容护理，但是要有不小的花费。其实，最经济便捷的美容手段就是车主自己动手进行汽车自助美容，当然这种美容会由于车主的个人能力水平和设施条件而有所区别。下面简单介绍3种自助汽车美容方案。

（1）清洗护理方案

它适用于每个车主，通过购买合适的汽车清洗剂、内饰保护剂、上光蜡等耗材，车主自己对车进行清洗和护理。通过这个过程达到了解自己的爱车还顺便锻炼身体的目的。车主经过多次自助洗护爱车，技术和能力可以得到极大的提高，甚至在清洗和护理方面能与部分专业人员相媲美。

（2）装饰美容方案

它适用于追求一定个性和美感的车主，车主通过自己的理解和爱好，对车进行装饰，如对车身进行拉花、对轮毂进行喷漆改色、对内饰进行点缀等。通过网络购物平台，车主可以找到适合自己爱车的装饰品和装饰方案。不过车主在对爱车进行装扮时切勿违反相关法律法规。

（3）修复加装方案

它适用于动手能力强，对汽车结构有一定了解的车主。例如，部分车主有很强的动手能力，出现漆面轻微划伤，可以通过购买合适补漆套装工具进行自主处理。个别车主还会自己安装导航或者其他电气设备。这种修复加装方案对车主要求较高，且部分加装可能会

《机动车登记规定》中关于登记变更的内容

危害原车结构或电路，要谨慎操作，最好请专业人员进行作业。

五、汽车美容的依据与原则

1.汽车美容的依据

汽车美容应根据车型、车况、使用环境及使用条件等因素，有针对性地、合理地安排美容作业的时机及项目。

（1）因"车型"而异

由于汽车美容项目、内容及使用的用品不同，其价位也不一样。对汽车进行美容不仅要考虑到效果，同时也要考虑费用问题。因此，不同档次的汽车所采取的美容作业及使用的美容用品应有所不同。对于高档轿车应主要考虑美容效果，而对于一般汽车只要进行常规的美容作业就可以了。

（2）因"车况"而异

汽车美容作业应根据汽车漆膜及其他物面状况有针对性地进行。车主或驾驶员应经常对汽车表面进行检查，发现异变现象要及时处理。

（3）因"环境"而异

汽车行驶的地域和道路不同，对汽车进行美容作业的时机和项目也不同。例如，汽车经常在污染较重的工业区使用，应缩短汽车清洗周期，经常检查漆面有无污染色素沉着，并采取积极预防措施；在沿海地区使用，由于空气潮湿且大气中含盐分较多，容易造成金属锈蚀；在西北地区使用，由于当地风沙较大，漆面易失去光泽，应缩短抛光、打蜡的周期。

（4）因"季节"而异

不同的季节、气温和气候的变化，对汽车表面及内室部件具有不同的影响。例如，在夏季由于高温，漆膜易老化；在冬季，由于严寒，漆面易冻裂。需要进行针对性的预防护理作业。另外，冬、夏两季经常使用空调，车内易出现异味，应定期进行杀菌和除臭作业。

2.汽车美容的原则

（1）预防与治理相结合的原则

汽车美容要以预防为主，即在汽车漆膜及其他物面出现损伤之前进行必要的维护作业，预防损伤的发生。一旦出现损伤应及时进行治理，恢复原来状态。因此，汽车美容应坚持预防与治理相结合的原则。

（2）车主护理与专业护理相结合的原则

汽车美容很多属于经常性的维护作业，如除尘、清洗、擦车和检查等，几乎天天要进行，这些简单的护理作业，只要车主或驾驶员掌握了一定的汽车美容知识，完全可以自己完成。但定期到专业汽车美容场所进行美容也是必不可少的，因为还有很多美容项目是车主无法完成的，尤其是汽车漆面或内室物面出现某些问题时，必须进行专业护理。为此，车主或驾驶员护理一定要与专业护理相结合，这样才能将车护理得更好。

（3）单项护理与全套护理相结合的原则

汽车美容作业的项目和内容很多，在作业中应根据汽车自身状况有针对性地选择项目和内容，进行某些单项护理就能解决问题的不必进行全套护理，这样不仅是为了节省费用，同时对汽车本身也是有利的。例如，抛光会使汽车漆膜的厚度变薄，如果不慎磨透了车漆，还必须重新喷漆，这就得不偿失了。当然在需要时对汽车进行全面护理也是必要的，关键是要根据不同情况具体对待。

（4）局部护理与全车护理相结合的原则

汽车漆膜局部出现损伤时，只要对局部进行处理即可；只有在全车漆膜绝大部分出现损伤时，才进行全车漆膜处理。在实际工作中应根据需要决定护理的面积。只需局部护理的，不要扩大到整块板；只需对某一块板处理的，不要扩大到全车。

任务检测

一、填空题

1.汽车美容的作用有_____、_____、_____、_____、_____。

2.汽车美容的依据有_____、_____、_____、_____。

二、简答题

1.汽车美容的定义是什么？

2.汽车美容的原则有哪些？

评价与反思

评价表

序号	项 目	考核内容	配分	评分标准	得分
1	相关知识	汽车美容的定义	10	正确描述	
		汽车美容的作用	20	正确描述	
		汽车美容的特性	10	正确描述	
		汽车美容的分类	10	正确描述	
		汽车美容的依据	15	正确描述	
		汽车美容的原则	15	正确描述	
2	任务检测	答题	20	正确回答	
总 分			100	合 计	

反思

1.汽车美容在事故车修复中的作用是什么？

2.法律法规对汽车美容作业有无限制？举例说明。

任务二　环车检查

任务描述

　　汽车的环车检查虽然不属于汽车美容作业项目的技术操作部分，但是属于汽车维保服务的准备环节，可以针对客户车辆进行初步检查，记录和明确客户车辆到店时的状态。接待人员进行环车检查，对车辆状态进行一个预检，便于确定维保处理的作业内容和作业范围，还可以避免后期交车过程中出现矛盾和纠纷。小型的美容企业可以由美容技师兼任此工作，对于中大型美容企业则应该设置专业的岗位进行环车检查，能体现企业的规范性和专业性。

任务目标

完成本任务的学习后，你应能：

★ 描述环车检查的流程；

★ 描述环车检查的礼貌用语；

★ 能独立完成环车检查，填写检查单。

建议学时：2学时。

相关知识

一、车辆接待

　　作为标准化建设的美容企业，应设立专门的接待岗位或者服务顾问岗位，完成美容作业前的接待、登记、预检工作，整个车辆接待流程包含一下几个步骤。

　　（1）接待准备：包括人员准备、物品准备、场地准备三个方面，见表1-1。

表1-1　接待准备的具体内容

接待准备	具体内容
人员准备	服务顾问或者前台人员在迎宾台或者前台值岗； 人员服装、仪态、站位等按照要求做好准备
物品准备	准备好防护四件套、环车检查单、签字笔等； 大型美容企业可准备好接待主管、服务顾问、车间主管等人员的对讲机； 客户休息区准备相应饮品
场地准备	车辆接待区无杂物，车辆、人员通道通畅； 客户休息区整洁温馨，无杂物、无异味

　　（2）车辆接待：主要掌握接待礼仪和接待话术。客户到站后主动为客户打开车门，恭迎客户到店，进行自我介绍，必要时可以主动递交名片。标准话术包括问候客户、自我介绍、询问来意三个部分。例如：您好，欢迎光临×××汽车美容，我是您的服务顾问

×××，很高兴为您服务；请问有什么可以帮助您的？

（3）车辆检查并记录：对客户车辆进行环车检查，若发现车辆存在问题第一时间告知客户并记录。

（4）客户引导：将客户引导至客户休息区进休息，并且告知客户美容作业操作估计用时。客户休息等候时须为客户提供茶水、饮料等，气温超过30 ℃时，可提供冷饮。

（5）车辆交接：将客户车辆和作业委托单及时转交给美容作业人员，若客户有特别要求应在作业委托单上记录清楚并且口头提醒美容作业人员。

二、环车检查

1.环车检查注意事项

在环车检查前应当客户的面使用防护四件套，以保证车辆在整个维修过程中内部整洁；并且向客户登记姓名、联系方式等相关信息；进行车辆内部检查之前询问客户是否有贵重物品，若有，请客户随身携带；在环车检查过程中，若发现车辆存在问题第一时间告知客户并记录；检查过程中适时与客户进行互动和沟通，询问客户需求，若有需要可以推荐适合客户的美容增值服务。

2.环车检查的顺序

为使检查过程更流畅，环车检查应按照车内→左前方→正前方→右前方→右后方→正后方→后备箱→左后方的顺序进行。

（1）车内。车内检查内容主要包括里程碑、燃油存量、中控门锁、前后雨刮、空调、客户物品等。

（2）左前方。左前方检查内容主要包括左前车门、侧窗、左前后视镜、左前翼子板、轮胎、大灯等。

（3）正前方。正前方检查内容主要包括引擎盖、保险杠、中网、挡风玻璃以及发动机各种线束、油液等。

（4）右前方。右前方检查内容主要包括右前车门、右前后视镜、侧窗、右前翼子板、轮胎、大灯等。

（5）右后方。右后方检查内容主要包括右后车门、车门锁、侧窗、车顶、右后翼子板、轮胎等。

（6）正后方。正后方检查内容主要包括后备箱盖、后挡风玻璃、制动灯、倒车灯、牌照灯等。

（7）后备箱。后备箱内检查内容主要包括备胎、随车工具、客户物品等。

（8）左后方。左后方检查内容主要包括左后车门、车门锁、侧窗、车顶、左后翼子板、轮胎等。

> **友情提示**
>
> 环车检查的操作过程和内容可以视客户需求的业务进行灵活操作，假如只进行车表清洗操作，可主要对车辆外部漆面、钣金进行检查，若是进行玻璃贴膜、底盘装甲喷涂、中控一体机改装等需要长时间操作或者涉及多个汽车系统的操作时，就应该详细检查并且将结果告知客户和记录。

任务实施

一、操作准备

序号	工具、设备、用品名称	数量
1	实训车辆	1
2	保护四件套	1
3	文件夹板	1
4	环车检查单	1

二、环车检查样表

车牌号码		车型		车辆颜色		
车辆识别号		发动机型号		行驶里程		
客户姓名		联系方式		接车时间		
客户物品确认	□随车工具　□千斤顶　□三角警示牌 □备胎　□车内其他物品_____			良好：√ 有问题：× 并注明		
功能检查	□中控门锁　□音响　□车窗　□雨刮					
外观检查 ▲凹凸　●划痕　×石击　■油漆				油量显示	客户业务	
				内饰检查	其他情况	
客户签字		顾问签字		美容技师		

任务检测

一、填空题

1.汽车接待流程包含_____、_____、_____、_____、_____5个流程。

2.环车检查应按照_____的顺序进行。

二、环车检查任务完成自检

序号	检查项目	完成情况	分析
1	接待礼仪		
2	话术规范		
3	环车检查情况		
4	环车检查单记录情况		

评价与反思

评价表

序号	项目	操作内容	配分	评分标准	得分
1	操作前准备	物品、场地准备	5	物品准备齐全，场地整洁	
2	迎接礼仪	为客户开车门、握手	5	动作规范、到位	
3	迎接话术	问候客户、自我介绍、询问来意	10	语言规范	
4	环检前准备	询问客户车内贵重物品是否带走	5	礼貌询问	
5		铺设保护四件套	5	规范铺设	
6		车内检查	10	检查规范完整并记录详实	
7		左前方检查	5	检查规范完整并记录详实	
8		正前方检查	10	检查规范完整并记录详实	
9	环车检查	右前方检查	5	检查规范完整并记录详实	
10		右后方检查	5	检查规范完整并记录详实	
11		正后方检查	5	检查规范完整并记录详实	
12		后备箱检查	5	检查规范完整并记录详实	
13		左后方检查	5	检查规范完整并记录详实	
14	客户确认	复述检查结果并邀请客户签字确认	5	复述内容不漏项，邀请用语礼貌	
15	客户引导	引导客户至休息区并备好饮品	10	引导、服务礼仪到位	
16	车辆交接	车辆移交给美容技师并且强调客户需求	5	强调内容不漏项	
总分			100	合计	

反思

1. 保护四件套如何能够铺得又快又好，有哪些技巧？

2. 车内检查时，怎么能做到又快又不漏项？

项目二 汽车外部美容

汽车美容作业的大部分项目都在汽车外部进行，包括对汽车漆面、汽车轮胎、汽车玻璃等的处理。汽车外部美容可以直接影响车辆的外在美观程度，最大限度地影响他人对车辆状况的直观评价，因此，汽车外部美容在汽车美容作业中占有重要地位。

任务一　汽车车表清洗

任务描述

　　汽车在使用过程中，常常遭遇雨雪天气、泥泞的道路、扬尘的环境，容易积尘产生大量的车表污垢。这些车表污垢主要有外部沉积物、酸雨斑等锈蚀物以及焦油、沥青、树胶、鸟粪、虫尸等附着物。车表污垢不仅影响车辆的美观，还会影响城市的整体形象并且是城市环境污染的污染源之一；其更是汽车车漆和其他部件的"皮肤"超级杀手，会使汽车车漆和其他部件过早的氧化、老化甚至龟裂，大大缩短使用寿命。因此，对车表进行及时、合理的清洗，既保持了车辆的美观、减少了环境污染、提升了城市的整体形象，更重要的是还延长了车漆和其他部件的使用寿命，提高了行车安全性。本任务主要是对车表进行清洗，达到车漆美容和护理的效果，增加车漆美观度和延长使用寿命。

任务目标

完成本任务的学习后，你应能：

★ 使用常见的车表清洗护理剂；

★ 使用车表清洗美容工具；

★ 记住车表清洗流程；

★ 独立完成车表清洗。

建议学时：4学时。

相关知识

一、汽车车表清洗分类

　　1.按清洗原理分类

　　•液流冲洗：利用洗涤液对污垢表面起到机械的、热的和理化的作用进而对车表进行清洗的方法。

　　•蒸汽冲洗：用一定温度、一定压力的蒸汽流冲洗被清洗的表面，在高温、大容量的洗涤液及液流冲击表面时产生湍流运动，从而保证达到有效的清洗。

　　•高压冲洗：采用高压热水冲洗表面。这种方法比蒸汽冲洗的效率更高，它具有清洗质量高且成本低，同时仍然能保护漆层的特点。

　　2.按清洗对象分类

　　•车身静电去除清洗：车辆在行驶过程中由于摩擦而产生强烈的静电层，静电对灰尘和油污的吸附能力很强，一般用水不能彻底清除，必须要用专用的清洗剂。如汽车专用清洗香波，其 pH 值为 7.0，是一种绝对中性的车身清洗剂。

• 车身交通膜的去除清洗：汽车经过一段时间的行驶，由于车身静电吸附灰尘，时间久了形成一层坚硬的交通膜薄膜，使原来艳丽的车身变得暗淡无光，需用专用的清洗剂才能去除。

• 除蜡清洗：无论是新车还是旧车，所有的车身漆面都是要上蜡保护的，只是蜡的品种和上蜡的时间有所区别。新车开蜡采用树脂开蜡水，在用车采用蜡质开蜡水。

• 增艳清洗：在抛光或上镜面釉之后进行，目的是除掉在车身表面的抛光剂和油分，为上蜡保护做好准备，一般用清洁上蜡二合一香波。

本任务主要介绍高压冲洗方法，使用用品见表2-1。

表2-1 高压冲洗法的用品

用品名称	图 片	用 途
海绵		具有较好的藏土、藏尘能力，能将沙粒、尘土很好地藏于海绵的气孔中，避免擦洗过程中对车辆造成划痕
抹布		小抹布用于擦洗车门、车身底部的泥沙、水痕，大抹布用于擦洗整个车身，提高擦车速度
洗车手套		与海绵用途基本一致
麂皮		麂皮经过浸水后，拧干可用于擦净车表的水痕
工作围裙		保护工作人员，防止打湿衣裳
防滑防水鞋		防滑、防跌倒、防水，保护工作人员的脚
车用多功能清洗剂		清除车表常见污物

任务实施

一、操作准备

序号	工具、设备、用品名称	数量	序号	工具、设备、用品名称	数量
1	实训车辆	1	6	海绵或洗车手套	1
2	高压洗车机、泡沫清洗机	1	7	大、小抹布	各1
3	水枪	1	8	麂皮	1
4	风枪	1	9	工作围裙、防水防滑鞋	各1
5	车用泡沫清洗剂	1			

二、操作过程

洗车的操作流程：冲车—擦洗—冲洗—擦车—吹干—质检—交车整理。洗车时一般由两人配合进行，这样不但速度快而且清洗的质量好。

1.冲车

一人用高压水冲去车身污物，顺序自上而下、由前至后，整个过程当中始终由一个方向向另一边的斜下方冲洗，尽量避免正向或反向冲洗，以免将泥沙冲回已经冲洗干净的部位；水流形状调成柱状（水流形状有柱状、雾状、扇状、强力圆孔状），如图2-1所示。

图2-1 冲车

车表清洗

> **友情提示**
>
> 洗车不能使用含矿物质较高的硬水。
>
> 千万不能使用洗衣液，应使用专用洗车液，洗车液与水的加注比例根据洗车液说明书配比。
>
> 北方冬天不能在室外洗车。
>
> 清洗不同部位时使用的水压应有区别：清洗玻璃、后视镜面等时应选最小压力；清洗车身时选择中间压力；清洗车底时选择最大压力。水压一般为4~7 MPa。
>
> 使用高压清洗机时不能脚踩压力阀，出水管不能弯曲，应保持平直。

2.擦洗

将配制好的洗车液均匀喷洒在车身表面，如果有泡沫清洗机，可先将泡沫喷洒在车身表面，然后手持海绵或洗车手套按照从上到下、由前至后的顺序擦洗车身，如图2-2所示。

图2-2 擦洗

3.冲洗

擦洗完毕之后，开始冲洗车身，顺序同冲车一样，但这时应以车顶、上部和中部为重点，如图2-3所示。

图2-3　冲洗

4.擦车

用半湿性大毛巾将整个车身从前至后先预擦一遍，待车身中部及下部大部分水分被吸干后，用干毛巾或挤干麂皮细擦一遍，要求擦干所留下的水痕，如图2-4所示。

图2-4　擦车

5.吹干

操作完前面4道工序后，车身表面基本洗干净、擦干。但有些地方在擦车时不易擦干，如发动机盖边沿及内侧、车门边缘内侧、车门把手内侧、行李箱边沿内侧、油箱盖内侧等凹进去的地方，此时要用压缩空气吹干，如图2-5所示。

图2-5　吹干

6.质检

先按验收标准自行检查一次，然后由车主、质检员和操作人员代表三方对汽车清洗效果进行检查验收，如图2-6所示。

（a）检查车前位置

（b）检查侧边位置

（c）检查后视镜

（d）检查玻璃

图2-6　质检

7.交车整理

与车主完成车辆交接，严格按照6S标准进行场地整理。

任务拓展

蒸汽洗车

高压蒸汽既可消毒，又可除污，有独特的热分解功能，能迅速化解泥沙和污渍的黏稠性质，让其脱离附粘的汽车表面达到清洗的目的，加上中性蒸汽清洗蜡水会在车漆表面迅速凝固，进而形成蜡膜保护漆面，如图2-7所示。

图2-7　多功能全自动蒸汽洗车机和蒸汽洗车

蒸汽洗车的特点是用水量小，清洗效果好，操作复杂，对洗车工的专业化要求较高。目前市场上的蒸汽洗车主要是以上门洗车的方式出现，其小巧便利的清洁特点越来越受到广大车主的喜爱，同时，作为一种环保清洁方式，也符合国家建设节约型社会的要求。

> **师傅建议**
>
> 进行汽车清洗之前一定要进行环车检查，查看车身表面是否有划痕或凹陷，如果有损伤一定要提前告知客户，以免发生纠纷。

任务检测

一、填空题

1. 车表污垢主要有_____、_____以及_____、_____、树脂、鸟粪、虫尸等附着物。

2. 冲洗汽车时的水压一般为_____。

3. 车表外部清洗的主要用品有_____、_____、_____、_____等。

4. 蒸汽洗车的优点有_____。

二、车表外部清洗任务完成自检

序号	检查项目	完成情况	分　析
1	车漆是否有尘土、污垢、水痕		
2	玻璃是否有尘土、污垢、水痕		
3	车表附件是否有尘土、污垢、水痕		
4	车表隐蔽部位是否有尘土、污垢、水痕		

评价与反思

评价表

序号	项　目	考核内容	配分	评分标准	得分
1	操作前准备	车表清洗工具、用品准备	10	工具准备齐全，无缺漏	
2	安全防护	检查车辆是否停稳，驻车制动可靠、个人穿戴的物品	5	检查后，车辆制动可靠，个人穿戴齐全	
3	冲洗车表	检查车辆密封	5	车辆密封状况好	
4		高压水调整	5	高压水调整为柱状	
5		是否按照一定顺序冲洗	2	从上至下冲洗	
6	车表擦洗	配制清洗液	5	按比例配制清洗液	
7		喷洒泡沫	5	使用泡沫机进行喷洒	
8		擦洗车表	5	清理干净	
9		擦洗车表附件	5	无残留，无污物	
10		擦洗车表隐蔽部位	3	无残留，无污物	
11	再冲洗	低压冲洗车顶	5	将泡沫冲洗干净	
12		低压冲洗车身、挡风玻璃	5	将泡沫冲洗干净	
13		低压冲洗车表附件、隐蔽部位	8	将泡沫冲洗干净	

续表

序号	项 目	考核内容	配分	评分标准	得分
14	擦干	擦干车身积水	5	无积水	
15		擦干除去水痕	5	无水痕	
16		吹枪吹干隐蔽部位水痕	7	无水痕	
17	质检、交车	检查任务完成效果	5	干净、光亮	
18	工位清理	工具整理、场地打扫	10	工具归还无遗漏，场地打扫干净	
总　分			100	合　计	

反思

1.车表清洁剂有哪些种类？分别举例几种清洁剂的使用方法。

2.擦洗车身为什么使用泡沫或洗车手套？

3.冲洗车表的不同部位为什么要选择不同的水压？

成长领航

　　很多同学觉得洗车工作简单，没有技术含量，工作过程又比较辛苦，在实习轮岗中往往不愿意做这个岗位的工作或者坚持时间不长，殊不知车表清洗的质量是客户评价一个维修企业或者汽车美容店档次最直观的参考因素，洗车工也是广大车主在用车过程中接触得最多的汽车维保人员，因此洗车工的工作态度、精神面貌会直接影响客户的评价。可以说洗车岗位就是一个企业的形象岗位，因此在这个岗位实习或者工作时要保持爱岗敬业的态度，从清洗剂的选择、冲刷角度和位置、顽固污渍的祛除等方面钻研清洗技术，提高专业素养和能力。

任务二　漆面附着物清除

任务描述

　　对汽车表面采用普通的汽车清洗液用高压冲洗的方法，用于清除泥沙、表面积尘具有速度快效果好的优势。但对于漆面粘上的焦油、沥青、树脂等顽固附着物以及受酸雨侵蚀形成的腐蚀斑、汽车外部附件的各种锈斑、交通膜一般难以清除干净，其不但影响美容效果，还会加剧漆面氧化、老化，缩短面漆及其他车表部件的使用寿命。因此，在车表清洗过程中应该彻底地清除漆面的顽固附着物，达到车漆美容和护理的效果，增加车漆美观度和延长使用寿命。

任务目标

完成本任务的学习后，你应能：

★ 使用常见的焦油去除剂、有机溶剂；

★ 采用抛光机去除漆面顽固附着物；

★ 记住漆面附着物清除流程；

★ 独立完成漆面附着物清除。

建议学时：2学时。

相关知识

对于漆面上的顽固附着物以及腐蚀斑、交通膜等可以采用下列清除方法：

•使用焦油去除剂清除：主要用于沥青、焦油等有机烃类化合物的清洁。

•使用有机溶剂清除：一般可用溶剂汽油浸润后，擦拭清除。

•使用研磨砂纸清除：一般用1 500~2 000 A的研磨砂纸轻轻地擦拭，用于清除腐蚀斑、锈斑。

•使用抛光机清除：使用抛光机清除时可加入适当的研磨剂，能有效地去除附着在车表的沥青、焦油、树脂等顽固附着物、酸雨侵蚀斑、锈斑、交通膜。

漆面顽固附着物的清除，除了需要洗车所用的一般用品：海绵、抹布、洗车手套、麂皮外，还需要一些特殊的用品见表2-2。

表2-2 漆面顽固附着物清除作业的用品

用品名称	图　片	用　途
焦油去除剂		主要用于沥青、焦油等有机烃类化合物的清洁
有机溶剂		擦拭清除各种锈斑、交通膜、腐蚀斑
抛光机		加研磨剂碾磨清除漆面顽固附着物
抛光垫		与抛光机配合使用进行研磨抛光去除顽固污渍
研磨砂纸		用于清除锈斑、腐蚀斑、小划痕

任务实施

一、操作准备

序号	工具、设备、用品名称	数量	序号	工具、设备、用品名称	数量
1	实训车辆	1	8	抛光机、抛光垫	各1
2	高压洗车机、泡沫清洗机	各1	9	海绵或洗车手套	1
3	水枪	1	10	大、小抹布	各1
4	风枪	1	11	麂皮	1
5	焦油去除剂	1	12	工作围裙、防水防滑鞋	各1
6	有机溶剂	1	13	1 500~2 000 A研磨砂纸	1
7	车表部件护理用品（塑胶护理上光剂、玻璃清洁剂、镀铬抛光剂、不锈钢上光护理剂）	1			

二、操作过程

漆面顽固附着物清除的操作流程：冲车—擦洗（清除顽固附着物）—车表部件护理—冲洗—擦车—吹干—质检—交车整理。作业时一般由两人配合进行，这样不但速度快而且清洗的质量好。

1.冲车

冲车作业与任务1的技术要求完全一致。

2.擦洗

在喷洒泡沫清洗剂清洗的基础上，对于漆面的顽固附着物，可以采用以下方法清除：

- 涂抹焦油沥青去除剂擦除车表的沥青、焦油等有机烃类化合物，如图2-8所示。
- 涂抹有机溶剂擦除相应的污物，如图 2-9所示。
- 使用1 500~2 000 A的研磨砂纸打磨去除车表的腐蚀斑、锈斑，如图2-10所示。
- 使用抛光机加入适当的研磨剂，去除附着在车表的沥青、焦油等顽迹，如图 2-11所示。

图2-8　使用焦油沥青去除剂

图2-9　使用有机溶剂

友情提示

根据顽固附着物的类型选择除污剂的类型；将除污剂喷涂于海绵或洗车手套上再轻轻擦洗顽固附着物；难以清除的可用砂纸打磨，再选用抛光机清除。

图2-10 使用研磨砂纸

图2-11 使用抛光机

3.车表部件护理

• 镀铬件的清洁护理：如倒后镜架、车轮侧护板装饰件等镀铬件，可用汽车镀铬抛光剂进行清洁护理，如图2-12所示。

• 塑胶件的清洁护理：如进气格栅、保险杠、后视镜外壳、车门把手等，可用塑胶护理上光剂进行清洁护理，如图2-13所示。

图2-12 镀铬件处理

图2-13 塑胶件处理

• 车窗玻璃外表面的清洗：使用专用的玻璃清洁剂进行清洁，如图2-14所示。

4.冲洗、擦车、吹干、质检、交车

剩下的冲洗、擦车、吹干、质检、交车整理5个步骤的质量标准和技术要求与任务一一致。

图2-14 车窗玻璃清洁

> **友情提示**
>
> 根据车表部件的材料选择合适的护理抛光剂；
>
> 不要在强光直射下操作；
>
> 避免用手直接接触护理抛光剂。

任务拓展

干洗保护釉洗车

干洗保护釉内含三大物质：清洁剂、润滑剂及保护釉。

其清洗原理是呈雾状喷射到车身表面的干洗保护釉把所有能接触到的污物和车表面加

以覆盖。在清洗剂的作用下，车表面的污渍被软化，并在保护釉的包裹下变成无数小型珠粒，保护釉同时把车表面加以覆盖，在珠粒与车表面保护釉之间的润滑剂起到减少摩擦的作用。珠粒状的污渍在干毛巾的吸水引导下带离车表面。用另一块干毛巾擦拭后，去除润滑剂加以抛光，留下的就是有相当硬度的耐磨、防水、防尘及防晒的保护釉。

干洗保护釉不与污渍起任何化学反应，它所含的高度润滑配方与高度反光因子不会破坏车漆，使用后车身整洁干净、光亮如新。

干洗保护釉洗车具体操作非常简单，整个过程只需 15～30 min，就可完成车身的清洁、上光作业。同时，用干洗保护釉抛光后的车表面不但不会留下螺旋纹，而且由于坚硬、光滑的保护釉使沙、水、泥等赃物无法吸附在车身表面，下次清洗只需用湿毛巾把留在车表面上的微粒轻轻抹去再用干毛巾轻轻抛光，车表面又能恢复原有光亮，保护釉对车表面的保护期长达30天。

任务检测

一、填空题

1.汽车车表难以清除的顽固附着物有_____、_____、_____等。

2.汽车再次冲洗时，应将高压水调成_____状。

3.对于难以清除的锈斑可采用_____清洁护理的办法。

二、漆面附着物清理任务完成自检

序号	检查项目	完成情况	分析
1	车表是否有尘土、污垢、水痕		
2	玻璃是否有尘土、污垢、水痕		
3	车表附件是否有尘土、污垢、水痕		
4	车表隐蔽部位是否有尘土、污垢、水痕		

评价与反思

评价表

序号	项 目	考核内容	配分	评分标准	得分
1	操作前准备	车表清洗工具、用品准备	10	工具准备齐全，无缺漏	
2	安全防护	检查车辆是否停稳，驻车制动可靠、个人穿戴的物品	5	检查后，车辆制动可靠，个人穿戴齐全	
3	冲洗车表	检查车辆密封	5	车辆密封状况好	
4		高压水调整	5	高压水调整为柱状	
5		是否按照一定顺序冲洗	2	从上至下冲洗	

续表

序号	项　目	考核内容	配分	评分标准	得分
6	车表擦洗	配制清洗液	5	按比例配制清洗液	
7		喷洒泡沫	5	使用泡沫机进行喷洒	
8		擦洗车表	5	清理干净	
9		擦洗车表附件	3	无残留，无污物	
10		擦洗车表隐蔽部位	3	无残留，无污物	
11	清除车表顽固残留物	清除焦油、沥青	3	清理干净	
12		清除酸雨腐蚀斑	3	清理干净	
13		清除锈斑	3	清理干净	
14	车表部件清洁护理	清理不锈钢部件	3	清洁光亮	
15		清理镀铬部件	3	清洁光亮	
16		清理塑料部件	3	清洁光亮	
17		玻璃清洗护理	3	清洁光亮	
18	再冲洗擦干	低压冲洗车顶	3	将泡沫冲洗干净	
19		低压擦洗车身、风挡	3	将泡沫冲洗干净	
20		低压冲洗车表附件、隐蔽部位	3	将泡沫冲洗干净	
21		擦干车身积水	3	无积水	
22		擦干除去水痕	3	无水痕	
23		吹枪吹干隐蔽部位水痕	3	无水痕	
24	质检、交车	检查任务完成效果	3	干净、光亮	
25	工位清理	工具整理、场地打扫	10	工具归还无遗漏，场地打扫干净	
	总　分		100	合　计	

反思

1.车表清洗与顽固残留物的清除必须严格按两道工序完成吗？

2.对玻璃进行清洗时能否使用坚硬的鬃毛刷？为什么？

3.通过擦拭的方法能否彻底清除水痕？

任务三　新车开蜡

任务描述

　　汽车从生产车间到客户手中往往有一个漫长的运输和销售等待环节，为防止汽车在运输中受到海水、风沙的侵蚀，生产厂家往往会在新车车漆表面涂上一层起保护作用的封蜡，称为"新车保护蜡"。它能对车表漆面起到18个月以上的保护作用。一般情况下，不允许封蜡停留在车漆表面超过18个月，否则封蜡将会因阳光的紫外线、大气中的酸性物质的助解性分解成有害物质从而穿蚀车体。如果不能及时清除将会在漆面上形成一层顽垢，时间越长越难清除。所以，顾客在购买新车后，需要及时使用开蜡水清除"新车保护蜡"，打上正规车蜡，这项工作称为新车开蜡，现在一般只有进口高档车才需要做这项工作。

任务目标

完成本任务的学习后，你应能：

★ 选择开蜡水；

★ 使用新车开蜡工具；

★ 记住新车开蜡作业流程；

★ 独立完成新车开蜡作业。

建议学时：4学时。

相关知识

开蜡水，也称去蜡水，它对车蜡有极强的溶解能力及对油污的分解能力，一般能在5 min左右将车表蜡层完全分解，而且对漆面、塑料、橡胶等部件无腐蚀作用。常见的开蜡水有：

- 油脂开蜡洗车液：此产品为强碱性，使用中注意安全保护。
- 树脂开蜡洗车液：属于多功能轻质水溶性清洁剂，渗透性好，使用安全，被广泛使用。
- 强力脱蜡洗车液：属于生物降解型产品，含有阴离子表面活性剂，富含泡沫，清洗效果好，但成本较高。

新车开蜡，除了需要洗车常用的用品：海绵、抹布、洗车手套、麂皮外，还需要一些新的用品见表2-3。

表2-3　洗车开蜡使用的用品

用品名称	图　片	用　途
防护眼镜		保护操作人员的眼睛
塑料异形刮板		清除缝隙中的封蜡、异物
开蜡水		清除车表封蜡

任务实施

一、操作准备

序号	工具、设备、用品名称	数量	序号	工具、设备、用品名称	数量
1	实训车辆（表面有封蜡）	1	6	防护眼镜	1
2	高压洗车设备	1	7	洗车手套或橡胶手套	1
3	塑料异形刮板或棕毛刷	1	8	强力开蜡水	1
4	专用洗车海绵	1	9	麂皮	1
5	毛巾	1	10	工作围裙、防滑鞋	各1

二、操作过程

新车开蜡操作流程：车身高压冲洗—喷施开蜡水—擦洗—冲洗—擦车—吹干—质检—交车整理。

1.车身高压冲洗

使用清洗机冲去汽车表面的尘埃及其他附着物。

> **友情提示**
>
> 进行开蜡工序前，必须将全车外表清洁，以免操作时因车体携有沙粒给漆面造成划痕。
>
> 在开蜡前不要使用洗车液，以免造成无谓浪费，冲净后不需擦干。

新车开蜡

2.喷施开蜡水

在开蜡汽车表面均匀喷洒开蜡水，待6~7 min后除蜡剂完全渗透于蜡层，快速溶解车表蜡的保护层，如图2-15所示。

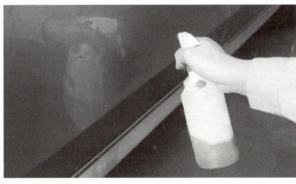

图2-15　喷施开蜡水

> **友情提示**
>
> 不可用煤油开蜡（虽然煤油可以洗掉原来的油蜡），以免使新车面漆受到损伤。
>
> 如果使用强碱性的开蜡水，一定要做好个人防护和车表附件的防护。
>
> 开蜡中所使用的毛巾应不断清洗，以保证清除掉的封蜡不致存留于毛巾上太多而不便于作业。

3.擦洗

用高密度毛巾、海绵擦拭汽车表面，用棕毛刷刷洗车身连接缝隙处残留的封蜡，再用塑料刮片垫半湿性毛巾清除干净，如图2-16所示。

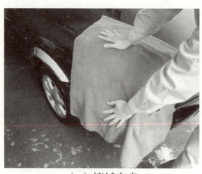
（a）擦拭车身

（b）擦拭门窗玻璃

图2-16　擦洗

> **友情提示**
>
> 在擦洗封蜡过程中，如果产生"吱吱"的响声，说明擦拭用品中存有沙粒，应立即停止工作，待清洗干净后再使用。如发现除蜡不净，可再喷洒开蜡水，或将开蜡水蘸于海绵（高密度毛巾）上进一步除去封蜡。

4.冲洗、擦车、吹干

冲洗、擦车、吹干3个步骤的质量标准和技术要求与任务一一致。

5.质检交车

进行开蜡作业后，车辆漆面应光亮鲜艳，如图 2-17所示。

图 2-17　交车质检

> **友情提示**
>
> 封蜡停留于车体表面两年以上的车辆，应在开蜡后进行抛光，然后打蜡即可。开蜡后新漆膜暴露在外，极易受到氧化，所以应使用耐候性较好的新车保护蜡进行上光。

任务拓展

汽车精洗

汽车精洗技术源自欧洲，所以也称为"汽车欧式精洗"，2010年被引进中国。汽车精洗是指汽车内外的清洗，比传统洗车更细致、更干净。汽车精洗因为服务好、步骤多、设备完善、成本高，导致价格稍高，所以服务对象定位于中高档汽车消费群体。

汽车精洗与传统洗车有很多不同之处，首先汽车精洗使用的是经过处理的软水，而非一般的自来水。汽车精洗还采用FIRST-CLASS头等舱底盘高压旋转清洗剂及龙卷风内饰精洗设备，对车辆底盘、发动机、轮毂、内笼、空调口、后备箱等部位进行全方位的精洗。洗漆面、擦内饰、擦门框以及清洗发动机和轮毂等部位的时候，对应部位采用不同颜色的

汽车精洗的步骤

专用毛巾，防止细菌交叉污染。洗玻璃采用鹿皮及无酸清洗液，漆面深层保护则采用德国雷卡纳米车漆镀晶保护技术。最后还要对车内进行高温桑拿清洗，采用雷卡甲醛去除剂，通过龙卷风设备对整车内笼进行彻底消毒除异味，如图2-18所示。

挡风玻璃、雨刷、镀铬件清洗

图2-18　汽车精洗技术

任务检测

一、填空题

1.新车开蜡作业的步骤有_____、_____、_____、_____、_____、_____、_____。

2.常用的开蜡水有_____、_____、_____。

二、新车开蜡任务完成自检

序号	检查项目	完成情况	分　析
1	漆面封蜡去除是否彻底		
2	车漆是否有尘土、污垢、水痕		
3	玻璃是否有尘土、污垢、水痕		
4	车表附件是否有尘土、污垢、水痕		
5	车表隐蔽部位是否有尘土、污垢、水痕		

评价与反思

评价表

序号	项　目	考核内容	配分	评分标准	得分
1	操作前准备	车表清洗工具、用品准备	10	工具、用品准备齐全，无缺漏	
2	安全防护	检查车辆是否停稳，驻车制动可靠、个人穿戴的物品	5	检查后，车辆制动可靠，个人穿戴齐全	
3	冲洗车表	检查车辆密封	5	车辆密封状况好	
4		高压水调整	5	高压水调整为柱状	
5		是否按照一定顺序冲洗	5	从上至下冲洗	

续表

序号	项　目	考核内容	配分	评分标准	得分
6	漆面开蜡	配制开蜡水	5	按比例配制开蜡水	
7		喷洒开蜡水	5	直接喷洒或用海绵涂抹	
8		用海绵或毛巾擦洗漆面	5	封蜡清理干净	
9		用棕毛刷刷洗隐蔽部位	5	清除隐蔽部位封蜡	
10		再次检查封蜡清理是否彻底	5	封蜡清理干净	
11	冲洗车辆	低压冲洗车顶	5	将泡沫冲洗干净	
12		低压冲洗车身、挡风玻璃	5	将泡沫冲洗干净	
13		低压冲洗车表附件、隐蔽部位	5	将泡沫冲洗干净	
14	擦干	擦干车身积水	5	无积水	
15		擦干除去水痕	5	无水痕	
16		吹枪吹干隐蔽部位水痕	5	无水痕	
17	质检、交车	检查任务完成效果	5	干净、光亮	
18	工位清理	工具整理、场地打扫	10	工具归还无遗漏，场地打扫干净	
	总　分		100	合　计	

反思

1.新车开蜡作业应注意哪些事项？

2.所有的新车使用一段时间后都需要进行开蜡作业吗？为什么？

3.使用强碱性的开蜡水应注意哪些事项？

任务四　漆面打蜡

任务描述

　　车漆如果光亮艳丽，外观会非常漂亮。但车漆漆膜的形成需要经历一个复杂的物理化学过程。车漆里面含有一定成分的溶剂，只有溶剂挥发后漆膜才会变硬，呈现出鲜艳靓丽的效果。在溶剂挥发的过程中，溶剂分子会不断往外钻，从而使漆膜产生很多细小的气孔，任何车漆漆膜都无法避免气孔的产生，车漆漆膜的气孔是造成漆面损害最大的元凶。当车漆暴露在空气中，空气中充满了有机氧化物和无机氧化物混合物（特别是雾霾较严重的地区），这些有害物质一旦落到漆面会迅速氧化，如果遭受潮湿的环境和紫外线的照射，混合物会氧化成一层难以清除的氧化膜，从而导致漆膜褪色、发白、易碎，缩短车漆使用寿命。我们可以通过漆面打蜡、封釉、镀晶等操作，使不易氧化的物质堵住这些气孔，从而隔绝与外界易氧化物质的联系，达到延长车漆使用寿命的目的。

另外，车辆在使用过程中产生的轻微划痕也可以通过漆面打蜡辅以抛光予以解决。

任务目标

完成本任务的学习后，你应能：
★ 选择、使用常见的车蜡；
★ 使用漆面打蜡美容工具；
★ 记住漆面打蜡美容护理流程；
★ 独立完成漆面打蜡美容护理。
建议学时：4学时。

相关知识

一、汽车打蜡的主要作用

1.上光作用

为车漆上光是车蜡最基本的作用之一，经过打蜡的车辆，都能不同程度地改善其漆面的光洁程度，使车身恢复靓丽本色。

2.抗高温作用

车蜡能对来自不同方向的入射光产生有效反射，防止入射光线穿透透明漆面，导致底漆老化变色，从而延长漆面的使用寿命。

3.防水作用

汽车经常暴露在空气中，免不了受到风吹雨淋，车蜡能使车身漆面上的水滴附着减少60%~90%，高档车蜡还可以使残留在漆面上的水滴进一步平展，呈扁平状，最大限度地减少水滴因强烈阳光照射时的聚焦作用而造成漆面暗斑、侵蚀和破坏。

4.防紫外线作用

车蜡防紫外线作用与它的抗高温作用是同步的，只不过在日光中的紫外线易于折射进入漆面，防紫外线车蜡充分地考虑了紫外线的特性，使其对车表的侵害能最大限度地降低。

5.防静电作用

汽车静电的产生主要有两种：一是化纤、丝毛织物如地毯、座椅、衣物等摩擦产生的；二是由于汽车在行驶过程中，空气中的尘埃与车身漆面相互摩擦产生的。无论是哪种原因产生的静电，都对驾驶人员带来诸多不便，甚至造成伤害。车蜡防静电作用主要是隔断空气及尘埃与车身漆面的摩擦。通过打蜡，不但可以有效防止车表静电的产生，还可以大大降低带电尘埃对车表的附着。

6.划痕抛光作用

当车身漆面出现浅划痕时，可以使用划痕抛光蜡进行修复，若划痕不严重，抛光和打蜡作业可以一次完成。

二、车蜡的发展历史

第一代车蜡：固体石蜡。

第二代车蜡：膏状石蜡。

第三代车蜡：液体石蜡。

第四代车蜡：含单种聚合物的蜡。

第五代车蜡：含多种聚合物的蜡。

第六代车蜡：纯天然的蜡（现代环保产品）。

现在常见的各种车蜡如图2-19所示。

抛光蜡   美容粗蜡   划痕蜡

镀膜蜡   新车上光蜡   水晶蜡

图2-19 常见的各种车蜡

三、车蜡的分类

1.按物理状态不同分类

车蜡按其物理状态的不同可分为固体蜡、液体蜡、膏状蜡、乳液蜡4种。在日常作业中，液体蜡应用相对较广泛，如龟牌蜡、即时抛等。

2.按其功能不同分类

车蜡按其主要功能分为上光蜡和抛光研磨蜡两种。

3.按材质不同分类

车蜡按材质可分为溶剂型蜡和乳化型蜡两种。

四、各种车蜡的特性及注意事项

各种车蜡的特性、作用、使用方法、适用范围及注意事项见表2-4。

表2-4 各种车蜡的特性及注意事项

车蜡的种类	特性及作用	使用方法	适用范围	注意事项
划痕蜡	去污、去未伤底漆划痕、去氧化膜、上光	涂抹车身表面,海绵来回擦拭	车身表面	用海绵擦拭时尽量用力擦拭
去污蜡	去污、除锈、防垢、保持光亮	在不洁净的表面涂抹	车身表面	不可在车身温热时使用
增光蜡	防止氧化、酸蚀,内含色彩鲜艳剂增加漆面光亮	均匀涂抹车身表面	车身表面	不可在车身温热时使用
保护蜡	去油污、防生锈,产生稳定、防水的保护膜	均匀涂抹车身表面	车身表面	不可使用在以桐油为基础的漆面上
镀膜亮光蜡	天然成分,对漆面渗透力极强,光泽、持久性好	均匀涂抹车身表面	车身表面	手工打蜡和机器打蜡均可使用
彩色蜡	分为红、蓝、绿、灰、黑5种颜色,不同颜色的车选择对应的颜色	均匀涂抹车身表面	车身表面	按汽车的颜色选择颜色相同的蜡
底盘蜡	防止底盘腐蚀,减轻碎石碰击造成的损伤	喷涂在清洗干净且无锈的汽车底盘上	汽车底盘	为易燃物,使用时需注意保护眼睛、皮肤与呼吸系统;不可使用在排气装置、制动器及弹簧上;使用时必须用酒精稀释

五、车蜡的正确选择

1.根据漆面的质量选择

对于中高档轿车,适宜选用高档车蜡;对于普通轿车,选用一般车蜡。

2.根据漆面的新旧选择

新车或新喷漆的车辆,选择上光蜡;旧车选用研磨蜡对其抛光后再用上光蜡上光。

3.根据季节选择

夏季一般选择防高温、防紫外线能力更强的车蜡。

4.根据行驶环境选择

在恶劣道路环境中行驶的车辆应选择防护功能较强的硅铜树脂蜡;沿海地区应选用防盐雾功能较强的车蜡;化学工业区应选用防酸雨功能较强的车蜡;多雨地区应选用防水功能较强的车蜡;光照强的地区应选用防紫外线、抗高温性能优良的车蜡。

漆面打蜡的用品见表2-5。

表2-5 车漆打蜡作业的用品

用品名称	图 片	用 途
打蜡海绵		用于手工上蜡
抹布		小抹布用于擦洗车门、车身底部的泥沙、水痕；大抹布用于擦洗整个车身，提高擦车速度
打蜡机		用于机械上蜡
洗车手套		与海绵用途基本一致（替代橡胶手套起劳动保护作用）
麂皮		麂皮经过浸水后，拧干可用于擦净车表的水痕
塑料异形刮板		清除缝隙中的封蜡、异物
车蜡		堵塞车表漆膜气孔
洗车液、开蜡水		清洗车辆、清除车表旧蜡

任务实施

一、操作准备

序号	工具、设备、用品名称	数量	序号	工具、设备、用品名称	数量
1	实训车辆	1	6	车辆清洗剂	1
2	高压洗车设备	1	7	开蜡水	1
3	打蜡机、研磨垫	1	8	洗车手套	1
4	打蜡海绵	1	9	围裙、防滑鞋	1
5	车蜡（据情况选择）	1	10	棕毛刷、塑料异形刮板	各1

二、操作过程

漆面打蜡的操作流程：车身高压冲洗—擦车—打蜡—质检。

1.车身高压冲洗

使用清洗机冲去汽车表面的尘埃及其他附着物，洗车方法参照车表清洗。

2.擦车

将车表擦拭干净。

3.打（上）蜡

上蜡分为手工上蜡和机械上蜡两种：

● 手工上蜡：首先将适量的车蜡涂抹在专用打蜡海绵上，然后按一定顺序往复直线涂抹。每道涂抹应与上道涂抹区域有1/5~1/4的重合度以防漏涂并保证涂抹均匀。

● 机械上蜡：将蜡涂在打蜡机海绵上，具体方法与手工上蜡相同。

手工打蜡的具体流程如下：

（1）用海绵将去污蜡抹在车身上并用直线方法打蜡，如图2-20所示。

> **友情提示**
> 进行上蜡工序前，必须将全车外表清洁干净，以免操作时因车体携有沙粒给漆面造成划痕。选用专用洗车水对车身进行彻底的清洗。

漆面打蜡

图2-20　引擎盖手工上蜡

图 2-21　严禁在饰条上打蜡

（2）在保险杠上涂蜡，如图2-22所示。

（3）使用干净海绵将去污蜡磨光，如图2-23所示。

图 2-22　保险杠打蜡

图2-23　将去污蜡磨光

（4）在反光小灯处及其四周打蜡。

（5）在上、下扰流板处打蜡清洁。

（6）用清洁海绵将细蜡擦拭均匀。如上完一层，车身上仍有少许污垢，应再进一步上蜡，重复打蜡，直至全车每个部分都均匀上蜡。

（7）使用美容蜡擦拭全车身。

（8）用清洁海绵将美容蜡打光。

（9）在后视镜上均匀喷洒亮光蜡。

（10）在蜡层涂匀5~10 min后，用干净柔软的毛巾将车擦亮。

4.质检

要仔细检查各处残存车蜡，防止产生腐蚀。

任务拓展

打蜡机的使用方法

打蜡机的使用步骤为：上蜡—凝固—安装、检查盘套—抛光。抛光线路如图 2-24所示。

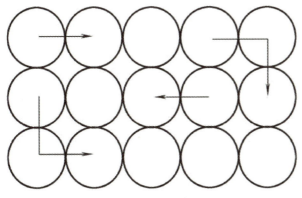

图 2-24 抛光线路图

师傅建议

汽车打蜡确实有益于汽车的维护和保养，但是频繁打蜡会给车漆带来伤害，因为有的车蜡中含有碱性物质，长时间使用会使车身变色。建议每四个月或半年打一次蜡比较合适。

任务检测

一、填空题

1.车蜡按其物理状态不同可分为_____蜡、_____蜡、_____蜡、_____蜡。

2.车蜡按其功能不同可分为_____蜡和_____蜡两种。

3.漆面打蜡作业一般分：_____—_____—_____—_____4个步骤。

4.打（上）蜡可分为_____上蜡和_____上蜡两种。

二、车漆打蜡任务完成自检

序号	检查项目	完成情况	分析
1	车表冲洗是否干净彻底		
2	车漆上是否有残蜡		
3	车漆是否光亮		
4	车表及车表附件是否有尘土、污垢、水痕		
5	车表隐蔽部位是否有尘土、污垢、水痕		

评价与反思

评价表

序号	项 目	考核内容	配分	评分标准	得分
1	操作前准备	车表清洗工具、用品准备	10	工具、用品准备齐全，无缺漏	
2	安全防护	检查车辆是否停稳、驻车制动可靠、个人穿戴的物品	5	检查后，车辆制动可靠，个人穿戴齐全	
3	冲洗擦车	检查车辆密封	8	车辆密封状况好	
4		高压水调整	4	高压水调整为柱状	
5		是否按照一定顺序冲洗	5	从上至下冲洗	
6		用海绵或毛巾擦洗漆面	5	车表是否擦洗干净	

续表

序号	项　目	考核内容	配分	评分标准	得分
7	打（上）蜡	车表部件防护	10	防护规范全面	
8		打去污蜡	8	是否均匀，是否遗漏	
9		擦去去污蜡	7	是否彻底	
10		涂抹细蜡	5	是否均匀，是否遗漏	
11		涂抹美容蜡	5	是否均匀，是否遗漏	
12		涂抹亮光蜡	5	是否均匀，是否遗漏	
13		柔软毛巾擦亮	8	是否光亮	
14	质检、交车	检查任务完成效果	5	干净、光亮、无残蜡	
15	工位清理	工具整理、场地打扫	10	工具归还无遗漏，场地打扫干净	
	总　分		100	合　计	

反思

1.车漆打蜡的工艺流程有哪些？有哪些注意事项？

2.在实际工作中应如何选择车蜡？

成长领航

漆面打蜡操作是一个特别需要耐心的工作，特别是客户要求手工打蜡时更是对操作人员的体力有一定挑战。在打蜡操作过程中一定要保持始终如一的专注，秉承对客户负责、对企业负责、对自己负责的工作态度，千万不能对车顶、门把手或者后视镜等这样客户不容易察觉而操作难度又大又费时的地方潦草应付，降低服务质量。须知提出打蜡需求的客户多数比较注重生活品质、对细节都有较高的要求，切记不能因为贪图省工省事而造成服务质量下降，导致优质客户流失。

任务五　漆面研磨抛光

任务描述

汽车在使用过程中，车身常常会产生腐蚀斑、锈斑，这些斑点往往难以清除从而影响美观；在车辆修复中，汽车表面经喷涂之后可能会出现粗粒、砂纸痕、流痕、反白、橘皮等漆膜表面的细小缺陷。为了弥补这些缺陷，通常需要进行研磨抛光处理，以提高漆膜的镜面效果（光泽度），达到光亮、平滑、艳丽的效果。另外，在汽车进行打蜡、封釉或镀膜前，也应该先做一次抛光。因为封釉镀膜必须先经过抛光，而且是经过精细抛光，才能使车漆达到镜面效果。

任务目标

完成本任务的学习后，你应能：

★ 使用常见的研磨剂；

★ 使用漆面研磨抛光美容工具；

★ 记住漆面研磨抛光护理流程；

★ 独立完成漆面研磨抛光美容护理。

建议学时：2学时。

相关知识

一、抛光的作用

抛光是汽车漆面美容的重要内容，是汽车漆面护理的一个工序。它主要用来消除漆面细微划痕，处理汽车漆面轻微损伤及各种污垢、斑迹、飞漆等漆面瑕疵，使漆面达到光亮无瑕的镜面效果。

二、抛光原理

1.研磨

用研磨材料把细微划痕去除，研磨材料可以是抛光砂纸，也可以是较粗的研磨剂。

2.使用抛光剂

因抛光剂含有车蜡成分，在抛光到一定程度后，可依靠蜡质的光泽来弥补漆面残存的缺陷。

3.高温作用

抛光过程中因为高温作用会将划痕等缺陷周围的漆面拉平，达到修复漆面的目的。

三、研磨抛光剂的分类

1.按使用范围分

• 普通型研磨抛光剂：主要用于治理普通漆不同程度的氧化、划痕、褪色等漆膜缺陷。主要特点是磨料一般都是坚固的浮岩，不适合透明漆的研磨。

• 通用型研磨抛光剂：对普通漆和透明漆均可使用，该研磨剂中的磨料为微晶体颗粒和合成磨料，具有一定的切割能力，但不像浮岩那样坚硬。

2.按切割方式分

• 陶土型研磨抛光剂：采用物理切割方式，其主要特点是磨料坚硬，切割速度快。但操作过程中颗粒体积不会因切割的速度而发生变化，如果操作人员对漆膜厚度不了解，手法不熟练，很容易磨穿漆层，所以只适合于操作十分熟练的专业人员使用。

• 微晶型研磨抛光剂：采用化学切割方式，其主要特点是可通过摩擦产生的热量逐步化解微晶体颗粒，使其体积在操作过程中逐步变小，产生极热高温而去除氧化层，同时溶解表面漆层凸出的部分，填平凹处的针眼。

• 中性研磨抛光剂：采用多种切割方式，其主要特点是中性研磨剂内含陶土和微晶体两种切割材料，既有物理切割作用，又有化学溶解填补功能，适合各类汽车漆面，而且便于操作，速度快，研磨力度小，是目前市场上最佳的漆面护理研磨材料。

四、判断是否需要抛光的方法

● 观察法：从车身不同角度来观察车身漆面的亮度，通过眼睛感觉光线的柔和度、反射景物的清晰度等来判断。

● 触摸法：用手套上一层塑料薄膜纸来触摸漆面，如果感到发涩或有凹凸不平的感觉时，必须进行抛光处理。

五、研磨（抛光）机的使用

1.研磨盘、抛光盘安装方式

● 吸盘式安装法：首先将一个硬质（硬塑料聚酯）底盘（托盘）用螺钉固定在研磨机的机头上，托盘的另一面可粘住带有易粘平面的物体。

● 固式安装法：研磨机头不带托盘，只有一个公／母接头。安装时需要把研磨紧固盘或抛光紧固盘拧上去，安装方法也不复杂。

2.研磨机的安全操作方法

①研磨机开机或关机时决不能接触工作表面。

②作业时，右手紧握直把，左手紧握横把，由左手向作业面垂直用力，转盘与作业面保持基本平行，如图2-25所示。

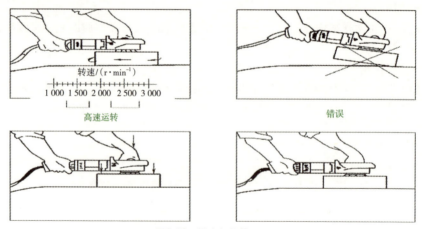

图2-25　抛光机的使用

③在研磨机完全停下之前，不要放下研磨机。

④不要对太靠近边框、保险杠和其他可能咬住转盘外沿的部位进行作业。

⑤应时刻注意研磨机的电线，防止将电线卷入机器。

⑥抛光时，应注意不要让灰尘飞到脸上，应使其落向地板。

漆面研磨抛光除了常用的抹布、洗车手套、麂皮外，其余需要一些新的用品见表2-6。

表2-6 漆面研磨抛光作业的用品

用品名称	图 片	用 途
研磨砂纸（1 500~2 000A）		研磨漆面，去除漆面缺陷、锈斑等顽固污渍
抛光垫		与抛光机配合使用，用于漆面研磨抛光
抛光机		用于机械抛光
研磨抛光剂		研磨抛光，去除细小划痕、漆面缺陷
遮护用品	 （a）遮蔽胶带　　　（b）遮盖纸	车表部件防护

任务实施

一、操作准备

序号	工具、设备、用品名称	数量	序号	工具、设备、用品名称	数量
1	实训车辆	1	6	洗车手套	1
2	高压洗车设备	1	7	工作围裙	1
3	抛光机	1	8	防滑鞋	1
4	抛光研磨剂	1	9	抹布	1
5	研磨砂纸	1	10	麂皮	1

漆面研磨抛光

二、操作过程

漆面研磨抛光的操作流程：清洗车辆—清洁车辆—车辆防护—研磨—抛光—检查整理。

1.清洗车辆

用去污力强的漆面清洗剂清洗整车，擦拭干净。

2.清洁车辆

使用清洁泥去除车身上的铁粉等顽固污染物。

—— 友情提示 ——

使用清洗剂时，应避免颗粒灰尘在研磨中造成新划痕。

友情提示

使用专用的脱脂溶剂可以迅速去除沥青、重油脂、蜡质等化学异物，如图2-26所示。
铁粉、焦油等顽固附着物一定要彻底清除，避免抛光过程中划伤漆面。

图 2-26　去除顽固污渍

3. 车辆防护

将饰条、门把手、棱线等部位遮护好，如图 2-27所示。扳回后视镜，有外置天线的将其取下。

图 2-27　抛光前的防护

友情提示

遮护一定要全面，防止研磨时产生损伤。

4. 研磨

对于涂面有粗粒、细微砂纸痕、流痕等缺陷，先用 1 500～2 000 A 美容砂纸沾水包于小橡胶衬块内，对其轻轻打磨至平整，然后用清水和毛巾擦净、擦干，如图2-28所示。

友情提示

要选用适宜的砂纸，划痕等漆面缺陷一定要清除彻底，但禁止磨穿漆面。

漆面划痕处理

图 2-28　磨掉漆面缺陷

5.抛光

可分粗抛光和精细抛光。采用机用研磨机（电动或风动）加上粗研磨膏，对水砂纸的痕迹进行粗磨；再加研磨膏抛光进行抛光精细研磨。具体方法是：

（1）摇匀抛光蜡置于抛光机的抛光轮上或车身表面，一般停留几分钟；

（2）调好抛光机的转速，将其平放于车身表面上；

（3）均衡向下施力，从车顶开始按顺序每一小块做一次处理，有规律地沿水平方向来回移动；

（4）车身表面呈现光泽，即可用干净的毛巾把抛光剂擦净，如图2-29所示。

抛光发动机机舱盖

抛光前保险杠

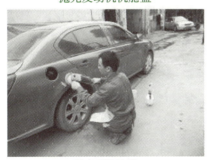

抛光后翼子板

抛光车门

图 2-29　抛光操作

友情提示

抛光的顺序为：左车顶→发动机机舱盖→左翼子板→左前门→左后门→左后车尾部→行李箱盖→右侧车尾部→右后门→右前门→右侧翼子板→右发动机机舱盖→右车顶。

6.检查整理

抛光后要检查车身的护理质量，特别是车身较显眼的地方，如果发现上蜡不均匀，产生无序的反光现象，可用干净的无纺棉布轻轻擦拭，也可以用抛光机重新抛光，直到光线反射面一致，最后做好场地整理，如图2-30所示。

检查发动机机舱盖抛光效果

检查抛光面效果

检查抛光后的车身

检查抛光后漆面反光效果

图2-30 质检

> **友情提示**
>
> 抛光结束后，要仔细检查各处是否残留有车蜡和研磨剂，防止产生腐蚀。设备用品要及时清理，妥善保存。

任务拓展

研磨抛光可处理7种漆面问题

1.浅划痕

由于使用中摩擦及日常护理不当，车漆面会出现轻微划痕，并未露出底漆，这种划痕在阳光下较为明显。一般采用专业的抛光方法可以去除。

2.去除交通膜

汽车在行驶中由于摩擦而产生强烈的静电层。静电对灰尘、油污和化学粉尘吸附能力很强，时间长了在车漆面上形成一层坚硬的交通膜，极易使漆面发生氧化腐蚀，可用研磨抛光处理。

3.去除氧化层

汽车在太阳紫外线的照射下，漆膜不断地向空气中蒸发油分达到保护自身的作用。时间长了会使漆面的油分过分散失，漆面的亮度和深度都大大降低，使漆面慢慢发白，形成氧化层，缩短车漆的寿命。肉眼可观察到车漆发乌、发白、无光泽现象。氧化严重可以通过研磨抛光处理。

4.去除蚀痕

蚀痕是面状磨蚀，昆虫、鸟粪、树汁、焦油、沥青都有可能引起蚀痕。轻微的蚀痕可用研磨抛光解决。

5.较少龟裂

如果平时不对漆面做一些必要的护理，金属漆可能产生一种非常细微的裂痕，它会不断地渗透车漆，直至"击穿"整个色漆层，这种现象叫"龟裂"。有时因为重喷漆质量的问题，也会产生龟裂。如果裂纹中有车蜡，会发现车身有条纹状（拖尾纹）的龟裂现象。经常打蜡抛光可减少龟裂产生。

6.去除水痕纹

水痕纹呈环状，是水滴蒸发后留下的痕迹，氧化的漆面、常用洗涤灵清洗的漆面更容易出现水痕纹。水痕纹在轻微时可通过打蜡抛光处理，情况严重时需研磨或喷漆。

7.处理褪色

大气中的油烟和污染物是造成车漆褪色、变色的主要原因。褪色与氧化不同，发生褪色时，车漆出现不均匀的色差。中、轻度的褪色可用研磨抛光处理，严重时必须重新喷漆。

> **师傅建议**
>
> 漆面抛光时使用的研磨剂的粗细取决于车漆的氧化程度。砂蜡的颗粒一般较粗，主要用于磨掉较深的划痕，但对车漆伤害较大。新车的漆面质量较好，打蜡或封釉时建议不要抛光。

任务检测

一、填空题

1.车身表面的抛光是通过_____、_____和抛光的作用原理来消除车身漆面的_____，改善车身的漆面缺陷。

2.漆面研磨抛光的操作流程一般分：_____—_____—_____—_____—_____—检查整理。

3.抛光可分_____抛光和_____抛光。

4.对于涂面有粗粒、细微砂纸痕、流痕等缺陷，先用_____美容砂纸沾水包于小橡胶衬块内，对其轻轻打磨至平整（注意不能磨穿漆层），然后用毛巾和清水擦净、擦干。

二、漆面研磨抛光任务完成自检

序号	检查项目	完成情况	分 析
1	车辆冲洗是否干净		
2	锈斑、焦油斑去除是否干净		
3	检查划痕等漆面缺陷清除是否彻底		
4	检查漆面抛光后的光泽度		

评价与反思

评价表

序号	项　目	考核内容	配分	评分标准	得分
1	操作前准备	车表清洗工具、用品准备	10	工具、用品准备齐全，无缺漏	
2	安全防护	检查车辆是否停稳，驻车制动可靠，个人穿戴的物品	5	检查后，车辆制动可靠个，个人穿戴齐全	
3	冲洗擦车	检查车辆密封	8	车辆密封状况好	
4		高压水调整	4	高压水调整为柱状	
5		是否按照一定顺序冲洗	5	从上至下冲洗	
6		用海绵或毛巾擦洗漆面	5	车表是否擦洗干净	
7	清洁车辆	去除铁粉	5	是否彻底	
8		去除焦油等顽固附着物	5	是否彻底	
9		用毛巾擦拭车辆	5	是否干净彻底	
10	车辆防护	将饰条、门把手、棱线等部位遮护好	5	防护是否全面	
11	研磨	用美容砂纸研磨漆面缺陷	5	选用砂纸是否正确	
12	抛光	粗抛光	5	操作是否规范	
13		精细抛光	8	操作是否规范	
14		抛光机的使用	7	操作是否规范	
15		毛巾擦拭	2	操作是否规范	
16	质检、交车	检查任务完成效果	5	干净、光泽度好	
17	工位清理	工具整理、场地打扫	10	工具归还无遗漏，场地打扫干净	
总　分			100	合　计	

反思

1.漆面抛光与漆面打蜡护理是截然不同的美容方法吗？

2.怎样才能彻底清除漆面划痕、橘皮等漆面缺陷？

任务六　漆面镀膜

任务描述

　　汽车漆面美容护理的方法较多，它们的作用原理都是在漆面形成一层保护层，隔绝外界物质对面漆的损害，防止漆面氧化、腐蚀，延长车漆的使用寿命。但利用传统的漆面美容护理（打蜡、封釉）方法处理后，车身漆面硬度一般只能达到2～3H，在使用过程中容易产生划痕而影响漆面美容效果。镀膜是在总结了打蜡和封釉的优点及不足后，以新的环保原料和车漆养护理念制造的车漆养护换代产品，运用玻璃纤维素、硅素聚合物、氟素聚合物等非石油环保材料，在车漆表面形成一层不易氧化的保护层，将车漆和外界完全隔离起来，具有极高的强度和耐候性，镀膜以后可以达到7~9H 的硬度，在漆面形成较厚的保护层。

任务目标

完成本任务的学习后，你应能：

★ 正确使用常见的漆面镀膜产品；

★ 使用漆面镀膜工具；

★ 记住漆面镀膜操作流程；

★ 独立完成漆面镀膜护理。

建议学时：4学时。

相关知识

一、汽车镀膜的作用

1.防止紫外线对车漆的损伤

镀膜后车漆表面形成一层致密的正负离子膜，能有效反射阳光及紫外线，防止紫外线对车漆的灼伤。

2.防止酸雨对车漆的损害

在工业日益发达的今天，雨水中的酸性物质在不断增加，酸雨中的二氧化硫、二氧化碳、盐分和其他物质附着在车漆上，造成对漆面的持续损伤。镀膜后车辆表面会形成一层耐腐蚀层，使车漆不受损害。

3.防划痕

做过镀膜处理的汽车车体表面的硬度将提高到 7~9H ，高于车蜡或釉的2~4H 的硬度，更减少行驶中沙粒对车漆造成的划痕。

4.提高车漆表面光滑度，方便清洗车辆

镀膜后在车漆表面形成的硬膜光滑度非常高，灰尘、水滴很难在上面附着，方便车主清洗车辆。

5.修复细微划痕/提高车漆表面亮度

无论何种颜色和品牌的汽车，在使用了几年之后漆面上都会有很多细微的划痕，整个车体会显得暗淡无光，通过镀膜可以对其进行有效的修复，同时提高漆面亮度，使车辆焕然一新。

二、哪些车需要做镀膜处理

整车镀膜可防车身大面积氧化磨损，因此镀膜是新车美容的常见项目之一。另外漆面磨损较厉害的车，通过合理安排镀膜周期能使爱车亮洁如新。

三、汽车漆面镀膜产品的种类和特点

1.氟素类镀膜产品

其特点是：成膜性好，耐腐蚀、耐候性、耐磨损的性能都非常好；但附着力差，几乎所有物质都不与特氟龙涂膜粘合，因此无法与漆面长期附和，保护时间非常短。

2.树脂类镀膜产品

其特点是：成膜性好，附着力强，价格便宜；但其硬度与光泽度不好，同时抗氧化、抗腐蚀及耐候性能都很差，因此逐渐被淘汰。

3.有机硅类镀膜产品

它是目前市场上最新的镀膜产品。此类产品的主要成分是聚硅氧烷，成膜后会形成SiO_2，俗称的玻璃，因此也称为玻璃质的镀膜。其特点是：成膜性好，硬度高，光泽度高，耐候、耐腐蚀、耐氧化的性能都非常优越，同时它的附着力也很强，一旦涂装在车漆表面就很难脱落。

漆面镀膜除了要使用研磨砂纸（1 500～2 000 A）、抹布、抛光垫、抛光机、抛光研磨剂、洗车手套、焦油去除剂、遮护用品外，还需要使用一些新的用品见表2-7。

表2-7 漆面镀膜作业的用品

用品名称	用品图片	用品用途
喷枪		喷涂镀膜产品
毛巾		用于擦净、擦干车辆
水晶外衣		形成漆面保护膜

任务实施

一、操作准备

序号	工具、设备、用品名称	数量	序号	工具、设备、用品名称	数量
1	实训车辆	1	8	防滑鞋	1
2	高压洗车设备	1	9	抹布	1
3	抛光机	1	10	毛巾	1
4	抛光研磨剂	1	11	喷枪	1
5	研磨砂纸	1	12	镀膜产品（水晶外衣）	1
6	洗车手套	1	13	碱性洗车液	1
7	工作围裙	1	14	焦油清洗剂	1

二、操作过程

漆面镀膜的操作流程：车体外表清理—车体深度清洁—抛光机浅抛—抛光机去眩光—封釉—喷枪镀膜—清洁—质检交车。

漆面镀膜

1.车体外表清理

用水冲洗车身，将漆面的泥土、粉尘、细沙粒等彻底清洗干净。

2.车体深度清洁

（1）将专用洗车泥喷洒于车表，用毛巾轻轻地进行擦拭对车漆表层清洁处理，如图2-31所示。

（2）用研磨砂纸（1 500~2 000A）轻轻地研磨，清除氧化物、腐蚀斑等顽固污渍，如图2-32所示。

友情提示

防止损伤漆面；消除细小划痕；可利用焦油清洗剂清除沥青、焦油等顽固污渍。

3.抛光机浅抛

用抛光机配合研磨剂、抛光垫作研磨处理，如图2-33所示。

4.抛光机去眩光

调低抛光机的转速，涂上精细研磨剂，进行精抛光，然后用干净的毛巾轻轻地擦拭去除眩光，如图2-34所示。

图 2-31　洗车泥清理

图 2-32　清除顽固污渍

图 2-33　抛光机浅抛

友情提示

研磨时，研磨的压力要根据漆的强度和漆面的厚薄来决定，研磨要均匀。

图 2-34　去除眩光

友情提示

需换用低速抛光机，配合波浪海绵加研磨剂，用来去除抛光时研磨剂留在车身上的光环，最后用毛巾擦干净。

5.封釉

（1）将汽车封釉剂均匀地喷洒于车漆的表面，如图2-35所示。

（2）将抛光机调节为震动模式，通过抛光机的轻轻震动、挤压，使釉更好地渗透车身并增强牢固度，如图2-36所示。

图2-35　喷洒封釉剂　　　　　　　　　图2-36　封釉

6.喷枪镀膜

（1）将镀膜剂按3∶1的比例稀释后倒入喷壶中，如图2-37所示。

（2）用喷枪将镀膜剂均匀地喷涂于车漆表面，如图2-38所示。

> **友情提示**
>
> 封釉后需等待15 min再进行下一步操作。

图2-37　添加镀膜剂　　　　　　　　　图2-38　喷洒镀膜剂

> **友情提示**
>
> 注意稀释比例；用喷枪喷涂，车身部分喷涂均匀即可；做好防护，倒车镜，雨刮器片等需要毛巾或者胶带包裹起来。

7.清洁

用柔软的干净毛巾擦拭车漆表面，如图2-39所示。

> **友情提示**
>
> 待镀膜剂停留30 min后清洗干净；干透以后用专业擦巾将车漆面残留的膜等清理干净；需特别留意车的缝隙部位。

图2-39　清洁

8.质检交车

注意检查车漆各部分的镜面效果，是否还有其他的缺陷，搞好与顾客的车辆交接工作，按6S标准整理好场地，如图2-40所示。

图 2-40　镀膜完成

任务拓展

汽车大灯镀膜修复

在日常使用中，车灯表面经常受到汽车尾气的侵袭、太阳紫外线的伤害、日用化工品的腐蚀，或车灯里面因为安装增光器温度过高导致车灯表面出现模糊、发黄、龟裂等情况。还有的车因为使用年限较长，车灯发黄，造成晚上照明模糊不清，这些伤害不仅仅影响汽车的外表美观与汽车本身的价值，而且大大降低了汽车大灯的照明功能，从而影响车辆晚上的行车安全。这些老旧车辆的车主如果想去更换，但有的已经买不到这款配件了，所以汽车大灯镀膜修复技术应运而生。

大灯镀膜修复的流程

大灯镀膜修复技术可以在汽车大灯上反复使用而不会给灯的表面带来伤害，既经济实惠又维修方便，效果如图2-41所示。

汽车大灯修复翻新操作流程：查看大灯情况—拆卸大灯—除油、除蜡—打磨—清洁灯表面—封边—用除油布沾处理剂擦拭大灯—除尘布擦拭—喷涂大灯修复材料 — 检查大灯—安装大灯。

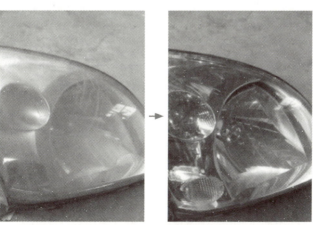

图 2-41　大灯修复前后对比

任务检测

一、填空题

1.漆面镀膜的关键操作步骤有 _____ 、_____ 、_____ 、_____ 、_____ 。

2.漆面镀膜的作用有 _____ 、_____ 、_____ 、_____ 、_____ 。

3.漆面镀膜产品的稀释比例一般为 _____ 。

二、漆面镀膜美容护理任务完成自检

序号	检查项目	完成情况	分　析
1	车辆冲洗是否干净		
2	锈斑、焦油斑去除是否干净		
3	检查划痕等漆面缺陷清除是否彻底		
4	检查漆面镀膜后的效果		

评价与反思

评价表

序号	项　目	考核内容	配分	评分标准	得分
1	操作前准备	车表清洗工具、用品准备	10	工具、用品准备齐全，无缺漏	
2	安全防护	检查车辆是否停稳，驻车制动可靠，个人穿戴的物品	4	检查后，车辆制动可靠，个人穿戴齐全	
3	冲洗擦车	检查车辆密封	5	车辆密封状况好	
4		高压水调整	5	高压水调整为柱状	
5		是否按照一定顺序冲洗	4	从上至下冲洗	
6		用海绵或毛巾擦洗漆面	2	车表是否擦洗干净	
7	车体深度清洁	去除铁粉	5	是否彻底	
8		去除焦油等顽固附着物	5	是否彻底	
9		用毛巾擦拭车辆	2	是否干净彻底	
10	车辆防护	将饰条、门把手、棱线等部位遮护好	5	防护是否全面	
11	浅抛光、去眩光	用美容砂纸研磨漆面缺陷	3	选用砂纸是否正确	
12		浅抛光	4	操作是否规范	
13		去眩光	4	操作是否规范	
14		抛光机的使用	4	操作是否规范	
15		毛巾擦拭	2	操作是否规范	
16	封釉	喷洒封釉剂	5	操作是否规范、是否均匀	
17		漆面上釉	5	操作是否规范	
18	喷枪镀膜	喷枪中加入镀膜剂	4	是否按比例稀释	
19		均匀喷洒	6	操作是否规范	
20	清洁	毛巾擦拭	2	干净、光泽度好	

续表

序号	项　目	考核内容	配分	评分标准	得分
21	质检、交车	检查任务完成效果	4	干净、光泽度好	
22	工位清理	工具整理、场地打扫	10	工具归还无遗漏，场地打扫干净	
总　分			100	合　计	

反思

1. 漆面镀膜产品有哪些种类？有何特点？

2. 怎样才能确保漆面镀膜的质量？

3. 漆面镀膜与车灯镀膜有什么区别？

成长领航

　　漆面研磨抛光在正式操作前必须要对镀铬件、橡胶件、玻璃等做好遮蔽工作，遮蔽工作是一个枯燥乏味的操作，需要恰到好处地对被遮蔽件进行遮蔽，遮蔽面积太大影响抛光质量，对于边界处，遮蔽不足又容易损伤镀铬件、橡胶件。因此在进行遮蔽准备时需要保持细心工作的态度，遮蔽到位后会对后面的抛光操作带来极大的便利，也为客户提供了高质量的服务。

任务七　汽车玻璃贴膜

任务描述

　　现在很多车主在购买新车之后都会考虑为汽车玻璃贴膜，即在车辆前后挡风玻璃、侧窗玻璃以及天窗上贴上一层薄膜状物体，而这层薄膜状物体也称为太阳膜或防爆隔热膜。它的主要作用是阻挡紫外线，阻隔部分热量以及防止玻璃突然爆裂伤人等情况的发生，同时根据太阳膜的单向透视性能，也达到保护个人隐私的目的。此外，它也可以在某些层面达到节省燃油消耗的目的。

任务目标

完成本任务的学习后，你应能：

★ 使用汽车贴膜工具；

★ 记住汽车贴膜方法；

★ 对汽车车膜的质量进行辨别；

★ 独立完成汽车玻璃贴膜。

建议学时：4学时。

相关知识

一、车膜的作用

- 隔热防晒：贴膜能很好地阻隔红外线产生的大量热量。

- 隔紫外线：紫外线中的中波、长波能穿透很厚的玻璃，贴上隔热膜能隔断大部分紫外线，防止皮肤受伤害，也能减缓汽车内饰老化。

- 安全与防爆：膜的基层为聚酯膜，有非常耐撕拉防击穿的功能，加上膜的胶层，贴膜后玻璃的强度能防止玻璃意外破碎对司乘人员造成的伤害。

- 营造私密空间：选择合适的品种，贴膜后，通常在车外看不清车内的情况，而在车内可以看清车外的情况，保留隐私和安全。

- 降低空调省耗：贴上隔热膜后，空调制冷能力的损失可以得到弥补，能减低车内温度，到达一定程度的节省油耗。

- 增加美观：根据个人喜好，通过贴膜能个性化装扮爱车。

- 防眩光：降低因为眩光因素造成的意外情况。

二、车膜的基本结构

图2-42展示的是3M汽车隔热膜结构图。

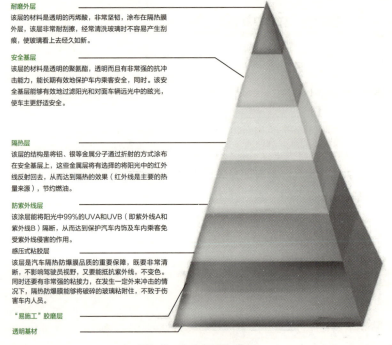

图2-42 汽车车膜结构图

三、车膜的分类

- 太阳纸：它是涂布与复合工艺膜，主要作用是遮挡强烈的太阳光。这类汽车膜是较早期的产品，基本不具备隔热的作用。

- 染色膜：市场上所见的染色汽车膜多为深层染色工艺，以深层染色的手法加注吸热剂，吸收太阳光中的红外线达到隔热的效果。因其同时亦吸收了可见光，导致可见光穿透率不够，加上本身工艺所限，清晰度较差。此类膜的另一大缺点是隔热功能衰减很快，而且容易褪色，价格相对较便宜。

- 真空热蒸发膜：采用的是真空热蒸发工艺，将铝层蒸发于基材上，达到隔热效果。这也是通常所说的金属膜，具备较持久的隔热性，缺点是清晰度不高，影响视觉舒适性，且反光较高。

- 金属磁控溅射膜：这是目前玻璃膜的最高工艺，产生于20世纪90年代末期，经历了多种技术革新，已臻于完美。磁控溅射工艺是将镍、银、钛、金等高级宇航合金材料采用最先进的多腔高速旋转设备，利用电场与磁场原理高速度、高力量地将金属粒子均匀溅射于高张力的PET基材上。磁控溅射工艺的产品除具备很好的金属质感、稳定的隔热性能外，还具有其他工艺所无法达到的清晰度与低反光及持久的色泽。

四、汽车车膜的选购指标

- 透光度和清晰性：这是车膜中关乎行车安全最重要的性能，建议用户尽量不要选取透光度太低的膜，对于车窗膜，尤其是前排两侧窗的膜，应选择透光度在85%以上的膜较为适宜。此时侧窗膜无需挖孔且不影响视线，夜间行车时还能把后面来车大灯照射在倒后镜的强烈眩光反射减弱，使眼睛非常舒服。此外，在雨夜行车、倒车、调头时也能保证视线良好。

- 隔热率：这是体现窗膜隔热性能的重要指标。质量好的车膜能反射红外线，降低车内温度，继而会降低空调负荷，节省燃油。车主在选购时，可以直接用贴了膜的玻璃挡住太阳，用脸或者手去感受其隔热效果。

- 防爆性能：这也是涉及安全的又一重要性能。优质防爆膜本身有很强的韧性，玻璃破裂后可被膜粘牢不会飞溅伤人，并且其抗冲击性能很强；而劣质防爆膜手感很软，缺乏足够的韧性，不耐紫外线照射，易老化发脆。

- 紫外线阻隔率：高质量的膜的紫外线阻隔率一般不低于98%，有的甚至可达100%。高紫外线阻隔率能有效防止车内的人被过量的紫外线照射，灼伤皮肤，还能保护车内音响不会被晒坏；而劣质膜很多没有这项指标，或者远远低于98%的标准。

- 颜色：可根据车身颜色和个人的爱好来搭配颜色。通常选用较浅的绿色、天蓝色、灰、棕色、自然色等对眼睛较舒服的颜色。不同膜的颜色稳定时间也不相同，一般的染色膜在半年到1年内颜色就会发生较大的变化，质量较好的原色膜会在3～5年内保证颜色的稳定，自然色的磁控溅射膜的颜色稳定度可长达10年以上。

- 膜面防划伤层：优质高档的膜表面都有一层防划伤层，在正常使用下能保护膜面不易被划伤。

- 保质期：一般正规厂家生产的膜都有较长的质量保证期，通常是5年。有些优质膜的保质期可长达8年。

五、常用贴膜工具

汽车贴膜时所用工具较多，大多数为贴膜专用工具。按照实际用途可以将工具分为排水工具、裁剪工具、清洁工具、保护工具和热成型工具。常见的工具见表2-8。

表2-8　汽车贴膜工具

用　品	图　片	用　途
牛筋刮板		用于排水和刮平玻璃上的车膜，必须在表面湿润的情况下才能使用，起着贴膜挤压气泡辅助平整的作用
塑料刮板		有大、中、小各种型号，用于贴膜后的彻底排水和热成型的刮膜
钢片刮板		用于清除折痕或修补折痕，配合热风枪将铁片加热，也就成了烙压隔热膜边缘的工具
刮水板		用于快速高效地清洁玻璃
烤枪		用于汽车前后挡风玻璃的太阳膜定型
美工刀		用于裁膜
铲刀		用于去除旧膜和残留在玻璃上的胶类残留物
遮蔽膜		用于贴膜时保护内饰

任务实施

一、操作准备

序号	工具、设备、用品名称	型号或说明	数量
1	实训车辆		1
2	喷壶	手持气压式	1
3	遮蔽膜	宽幅	1
4	玻璃清洁液	浓缩型	1
5	毛巾	60×180	2
6	毛巾	33×80	2
7	贴膜工具箱	KTM23件套	1
8	汽车一次性三件套	座椅套、方向盘套、档套	1

二、操作过程

汽车玻璃贴膜的操作流程：车辆停放—内饰保护—清洗玻璃—裁膜—卷膜—粘贴车膜—检验验收。

玻璃贴膜

1.车辆停放

将清洗后的车辆停放在无尘车间中，拉上手刹，检查车况并做好记录。对车间及车室内通过喷壶喷洒水雾进行降尘处理。

2.内饰保护

（1）安装汽车一次性三件套，防止作业时弄脏座椅、方向盘、换挡杆。

（2）将大毛巾垫在预贴膜的玻璃下方，防止清洁玻璃的污液弄脏内饰件。将遮蔽膜贴在汽车电器部件上，防止清洗液进入内部而导致短路或损坏，如图2-43和图2-44所示。

图2-43　引擎盖保护

图2-44　内饰保护

3.清洗玻璃

利用装有玻璃清洁剂的喷壶，在刮水板、塑料三角板、毛巾的配合下，将预贴膜的玻璃的内外两侧都彻底清洁干净，如图2-45所示。

> **友情提示**
> 清洗玻璃必须确保玻璃无任何污物、凸起物等，不然对后期贴膜和最后效果有很大影响。

4.裁膜

（1）粗裁。先从车膜卷筒中平整的拉出车膜并压平，根据估算，裁下大于玻璃面积的车膜。再向玻璃外表面用喷壶喷洒少量安装液，将车膜覆盖在上面，剥离膜朝外，经滑动定位后，开始沿边框四周裁剪车膜大小，如图2-46所示。

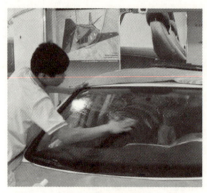

图2-45 玻璃清洁   图2-46 粗裁

友情提示

　　车膜收缩时有方向性的，沿机器卷边具有收缩性，因此在裁膜时应该按照图2-47所示方向进行。

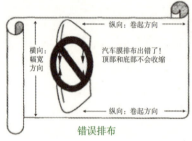
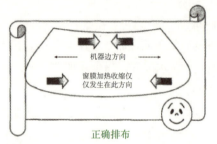

纵向：卷起方向
横向：幅宽方向
汽车膜排布出错了！顶部和底部不会收缩
纵向：卷起方向
错误排布

机器边方向
窗膜加热收缩仅仅发生在此方向
正确排布

图2-47 车膜排布方向

　　（2）预定型烤膜。利用前挡风玻璃的外侧曲面进行预定型。先是用喷壶在玻璃上喷一层薄水雾，然后将裁好的车膜铺在玻璃上，用塑料刮板由中心向外刮平。刮动时使车膜皱纹呈垂直方向分开，不可横向刮平皱纹。接着用数显烤枪进行加热，一边加热一边用塑料刮板挤压玻璃上的气泡和水分，使太阳膜变形并抚平褶皱车膜，使之与玻璃曲面完全吻合，如图2-48所示。

友情提示

　　烤膜时，要使玻璃受热均匀且时间不能过长，否则会导致玻璃受损，失去保护作用。

图2-48 预定型烤膜

　　（3）精裁。经过烤膜定型后，进行准确裁膜。用专用美工刀按略小于玻璃上的陶瓷小黑点3～4 mm进行裁膜。边线应平直，有角度的地方应修成圆角。

5.卷膜

卷膜是为了便于车膜的移动，以免产生折皱。

6.粘贴车膜

（1）清洗。再次清洗挡风玻璃内侧，确保彻底洁净。

（2）开膜。在把膜贴到玻璃前应分开车膜的保护层与膜体本身，分开方法为凭借舌尖和嘴唇的作用力，从一角分开膜与保护层，也可以用小刀轻轻拨开。一边分开保护层一边喷洒水雾，保证分开的部位不再粘在一起。

> **友情提示**
>
> 将分开的保护层卷成筒状保管好，可以作为下次同款车型贴膜的模板，简化以后的贴膜过程。

（3）上膜。先将前挡风玻璃内侧喷洒一层水雾，然后将车膜的粘贴面贴到玻璃内侧。

（4）定位。左右上下移动车膜，使之处于正确的位置。

> **友情提示**
>
> 喷洒水雾的目的是形成水膜，以便车膜在玻璃上可以移动便于定位。假如喷洒过多的水雾则会导致流挂，无法形成水膜，增加定位难度。

（5）排水。首先给车膜喷洒水雾，使用牛津刮板由中间向两边进行挤水，再用塑料三角刮板进行进一步的挤水操作。

（6）修整。对局部仍有不贴合的地方，可按预定型的方法，用烤枪加热，使之完全吻合。

（7）粘贴后挡风玻璃。方法与前挡风玻璃一样。

（8）粘贴侧挡风玻璃。如果侧挡风玻璃没有曲面或者曲面较小，可以省去烤膜定型环节，其他方法与前挡玻璃一样。

> **友情提示**
>
> 汽车贴膜后应注意以下3点：
>
> ①三天内尽量不要洗车，避免造成车膜脱落。
>
> ②后窗除雾线一周内不能通电，发热容易造成膜变形。
>
> ③贴膜门窗一周内不要升降，防止发生膜移位和打卷。

7.检验验收

全面检测车膜上有无气泡、水珠或杂质颗粒，视情况进行处理。

任务拓展

去除旧车膜

汽车贴膜的保持期一般为3～5年，有的甚至能长达8年，但贴膜时间长了，可能会出现下面的情况：贴膜出现气泡；贴膜边缘裂开；贴膜出现刮痕，影响美观；贴膜上面有大量积垢，难以去除。出现以上情况后，大部分车主都会选择去除旧车膜后重贴车膜。旧车膜的去除过程：剥离车膜—去除底胶—清洗玻璃。

> **师傅建议**
>
> 《机动车运行安全技术条件》规定汽车前风窗玻璃及封窗以外用于驾驶员观察路况的车窗玻璃，其可见光透射比应≥70%，通俗的解释是通过车窗玻璃与车膜进入车内的光强不得减少超30%，或者说从车内观察车外不影响有效的识别路况。客户如果选择太深的膜或透光度太低的膜，应告诉客户这不符合法规要求，会面临罚款且不能通过年检。

旧车膜的去除过程

任务检测

一、填空题

1.汽车车膜的作用有_____、_____、_____、_____、_____、_____。

2.车膜质量辨别从_____、_____、_____、_____、_____5个方面进行。

二、玻璃贴膜任务完成自检

序号	检查项目	完成情况	分　析
1	视觉范围内是否有气泡、折痕		
2	车膜内安装液是否刮净		
3	车膜边缘线是否平直，过渡圆滑		
4	侧挡风玻璃空白边缘是否均匀对称		
5	透过前挡风玻璃观察外面是否存在景物模糊、色差等现象		

评价与反思

评价表

序号	项　目	考核内容	配分	评分标准	得分
1	操作前准备	玻璃贴膜工具准备	10	工具准备齐全，无缺漏	
2	安全防护	检查车辆是否停稳，驻车制动可靠	5	检查后，车辆制动可靠	
3	内饰防护	三件套安装	3	安装到位，无遗漏	
4		大毛巾铺垫	3	遮盖到位，无遗漏	
5		遮蔽膜粘贴	3	粘贴可靠，无遗漏	
6	玻璃清洗	清洗预贴膜玻璃	5	干净、无杂质、无颗粒	
7	裁膜	粗裁	5	按照收缩方向裁膜	
8		预定型烤膜	10	与玻璃曲面完全贴合	
9		精裁	8	大小合适	
10	卷膜	收卷裁好的车膜	3	无折痕	
11	贴膜	清洗玻璃内侧	3	干净、无杂质、无颗粒	
12		开膜	5	不损坏车膜，不起泡	
13		上膜	5	上膜过程中膜无损坏	
14		定位	3	位置合适，不偏斜	
15		排水	10	排水干净、不损坏车膜	
16		修整	5	车膜边缘贴合良好	
17	质检	检查任务完成效果	5	干净、光亮	
18	工位清理	工具整理、场地打扫	10	工具归还无遗漏，场地打扫干净	
	总　分		100	合　计	

反思

1.查询相关法规，找出汽车前后挡风玻璃以及侧挡风玻璃对车膜透光度的要求？

2.是否所有的轿车都有必要安装车膜？

3.除了专用的车膜底胶清洁剂外，还有哪些用品可以用于清除底胶？

任务八　汽车前挡风玻璃修复

任务描述

如今爱车人士不少，大家对于车辆各部分的关心可谓是无微不至，然而很多人却忽略了玻璃方面的养护。当玻璃出现破损裂痕时，许多车主贪图省事，继续凑合使用。其实汽车玻璃虽然不像一些易损件一样需要定期更换，但是定期检查和出现损伤之后的修补也是尤为重要的。

当汽车玻璃被飞溅的石子击伤后会出现裂纹或破损，车主可选择只在裂纹处打眼以此保留原车玻璃，或者更换一块新的玻璃。在汽车挡风玻璃上打眼会留下一个直径约10 mm的凹巢，既留下了安全隐患，也不美观。更换一块新的汽车挡风玻璃少则几百元，高则成千上万元，即使有保险理赔，更换玻璃后可能还会带来密封不严，风噪增加以及重新贴膜等一系列烦恼。汽车挡风玻璃的修复技术则可以完美、轻松地解决以上问题。

任务目标

完成本任务的学习后，你应能：

★ 使用汽车玻璃修复工具；

★ 根据损伤情况制定合理的修复工艺；

★ 独立完成汽车玻璃修复作业。

建议学时：4学时。

相关知识

一、汽车玻璃的类型

目前，汽车上的玻璃主要分为两种材质：夹层玻璃和钢化玻璃。

● 夹层玻璃：是两层玻璃中间有一层胶状膜，在发生损坏破裂时不会完全裂开和扩散。即便发生严重撞击，依靠中间的胶装膜也可以在受损严重的情况下保证玻璃不会脱落和部分散落，仍然保持相对整体性。正因为这样的特性，为了保证在出现撞击后给驾驶员留出尽量完整的视线和安全性，夹层玻璃被要求配备在前挡风玻璃上使用。

• 钢化玻璃：在受到损坏后，会迅速扩散成无数小颗粒，并且很容易出现脱落现象，在危急时刻可以方便逃生，并且车侧面和后面受到石子撞击的概率要小于前面，因此钢化玻璃普遍运用在除前风挡以外的其他部位。

基于以上提到的特性，目前在售车型的前挡风玻璃使用的均为夹层玻璃，出现裂痕是可以进行修复的。除前挡风玻璃外，四周车窗的钢化玻璃受到损坏就会迅速扩散甚至脱落，因此是不能修复的。玻璃修复均只针对前挡风玻璃。

二、前挡风玻璃修复的条件

并不是所有的创伤均可修复，前挡风玻璃只有满足以下条件时才可能修复：

（1）要看破损点的位置。受损在玻璃中发白的位置才可能修复，如果在麻点或者打胶等黑色区域就不能修复。挡风玻璃内层出现损伤和裂痕均不能修复。

（2）要看破损情况。如果是有延展纹且在主视线范围（驾驶员一侧）内建议直接更换玻璃；如果没有延展纹，破损点直径小于20 mm可以做修复；如果是有延展纹但不在主视线范围且延展在10 cm以内可以做打孔注胶止裂。

三、前挡风玻璃的修复原理

对汽车挡风玻璃破损处进行抽真空、注胶，抽出裂痕内的空气，注入与挡风玻璃折射率及透光率相近的UV高分子聚合物，再配以长波紫外线固化灯进行固化，使UV高分子聚合物固化为高强度玻璃体以达到完美融合修复。适用于修复挡风玻璃出现的裂缝、牛眼、星形、综合性裂痕等损伤。

四、前挡风玻璃修复的好处

利用挡风玻璃修复工艺无需拆卸更换挡风玻璃，费用低，耗时少，效果好，可保持原车玻璃90%以上的强度，气密性好，修复后基本看不出痕迹。

五、前挡风玻璃修复的常用工具

汽车前挡风玻璃修复使用的工具一般为工具套装，大多数均为专用工具，主要工具见表2-9。

表2-9　汽车玻璃修复工具

用　品	图　片	用　途
注胶器		用于裂痕内抽出空气和注入树脂
树脂		填补裂隙

续表

用　品	图　片	用　途
三角支架		用于固定注胶器
边角修复支架		在修补玻璃边缘时固定注胶器
裂纹扩张器		修补裂纹时扩张裂缝
玻璃钻孔机		用于钻止裂孔或修整裂痕表面
固化灯		产生紫外线加速树脂固化
观察镜		用于观察裂痕修补过程中的情况

任务实施

一、操作准备

序号	工具、设备、用品名称	型号或说明	数量
1	实训汽车前挡风玻璃	可用废旧挡风玻璃	1
2	清水		500 ml
3	玻璃修复工具套装	嘉诚	1套
4	凡士林		1盒

玻璃修复

二、操作过程

汽车前挡风玻璃修复的操作流程：判断裂痕类型—清洁玻璃创口—安放三角架—准备注胶器—安装注胶器—抽真空—注胶—贴固化片—固化—整理表面。

1.判断裂痕类型

汽车玻璃裂痕通常有裂缝、牛眼形、星形、月牙形和综合性裂痕几种，不同的裂痕类型有不同的修复方式。现以牛眼型裂痕为例进行讲解。

2.清洁玻璃创口

先用探针和棉签将破损点的污染物清除，注意力度，不要将破损点的面积继续扩大，如图2-49所示。对于细小的或没有明

友情提示

注意钻头要与玻璃垂直，钻透第一层玻璃即可，如图2-50所示。

显破损点的星形或牛眼形裂痕，我们应在裂痕的中心或裂痕相对明显、严重的部位进行打孔，制造注胶点。

图2-49 清洁创口

图2-50 打孔

3.安放三角架

（1）将三脚架的吸盘上面喷上适量的清水，注意不要太多，尽量不让水下流。

（2）将三脚架的中心对准玻璃裂纹的中心点，将吸盘压牢，用以固定注胶器，如图2-51所示。

图2-51 安装支架

友情提示

吸盘不要垂直于破损点，防止吸盘里的水流到玻璃破损点影响修复效果。

4.准备注胶器

（1）将注胶器打开，清洁干净。在中间的胶圈部分涂上凡士林，在注胶器顶端的小白色胶圈部分滴上一滴玻璃划痕修复树脂，起到润滑作用，方便后续操作。

（2）将注胶器推到底，旋紧注胶器上盖。用左手食指堵住注胶器注胶口，右手用力拉出注胶器活塞拉柄，在拉到三分之二的时候突然松手，这时由于注胶器内负压力的作用，

活塞会被反弹回到初始状态，并会发出清脆的金属撞击的声音。这样反复3~5次，确定注胶器内已经将多余空气排净。

（3）将注胶器拉柄拉出10 mm左右（根据实际情况而定，如果牛眼较大，则再多拉出一些），锁紧，注入胶水，在注胶器顶端放置密封胶圈，放松顶丝，轻轻顺着注胶器的吸力放松注胶器拉杆，将胶水顶至密封胶圈相平的位置，锁紧顶丝，加注胶水完毕。

5.安装注胶器

（1）把注胶器固定在三角架上，将注胶器中心孔对准撞击点，确认对准后，将注胶器旋紧，力度掌握到能将白色密封圈压到轻微变形即可。

（2）确定旋紧后，用注胶器上的固定锁紧螺母将注胶器锁紧，如图2-52所示。

友情提示

压力不能过大，过大会使玻璃原有的牛眼或星形裂纹加大；力度过小会造成玻璃修复树脂外溢，而且无法抽真空。

图2-52 安装注胶器

6.抽真空

（1）一只手把持住注胶器，另一只手将注胶器拉杆全部拉出，并旋转90°，将拉杆卡住。

（2）在前挡风玻璃的背面观察抽真空状态，如果有气泡产生，则视为此步骤正确；否则要重复前面的步骤，直到有气泡产生才为正确。抽真空步骤一般进行5~10 min。

友情提示

此步骤前可将观察镜安装在破损点后面，通过镜子观察抽真空状况，避免重复上下车增加劳动强度。

另外，在上下车过程中请勿快速或强力开关车门，避免振动和车内气压变化造成前挡风玻璃轻微形变，影响修复效果。

7.注胶

（1）在5~10 min后或看到气泡停止产生后，开始注胶。将注胶器拉杆回旋90°，此时一定注意把持住注胶器拉杆，防止由于注胶器里面的巨大吸力而将注胶器拉杆回弹，这样非常危险。第一，回弹会将注胶器里面的胶水喷出，如果喷溅到眼睛里面，会造成危险。第二，会打坏玻璃，使原有的裂痕突然加大，造成二次破损。把持住拉杆，缓慢放松，同时观察注胶器顶端密封圈，由于受到胶水的压力后，密封圈会稍微膨胀，在看到膨胀的同时，可以证明已经开始注胶，如图2-53所示。

（2）确定注胶后，锁紧顶丝，用小手电观察进胶情况，尤其观察胶水是否到达所有破损部位，在确认胶水全部到达破损部位

友情提示

若发现树脂没有在破损点内填充移动，需重新再抽真空。

后，停止注胶，取下注胶器。如果3~5 min后没有发现胶水在破损部位移动（胶水填充停

止），则需要继续给胶水压力，就是放松顶丝，压注胶器拉杆，注意密封胶圈不要过于膨胀。反复进行，直至胶水全部填充到破损部位，视为注胶结束，如图2-54所示。

图2-53　注胶

图2-54　观察注胶情况

8.贴固化片

注胶结束后，取下注胶器和三脚架，将1～2滴胶水滴在注胶部位，然后马上用固化片贴片。

9.固化

打开紫外线灯，放到注胶点上方1 cm左右的位置上，进行固化。等待7～10 min后，移开紫外线灯，撕开贴片，如图2-55所示。

10.整理表面

用刀片与玻璃表面成90°轻轻刮除固化后的树脂，角度一致，用力均匀，如图2-56所示。

图2-55　紫光灯固化

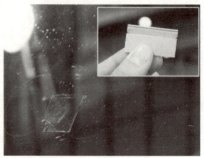

图2-56　刀片刮去树脂

友情提示

　　刮除多余树脂后，破损点的部分会留下一块小的白色痕迹，如果用玻璃划痕抛光膏进行抛光后，会达到更加完美的效果。

任务拓展

长条形裂纹修复

修复汽车前挡风玻璃长条形裂纹的操作过程：打止裂孔—安装两脚支架—安装注胶器—注胶和贴固化片—紫光灯固化—整理表面。

1.打止裂孔

用小电钻在裂纹结束的地方打止裂孔。钻头与玻璃表面保持垂直，钻透第一层玻璃即可。

— 友情提示 —

钻透第一层玻璃时的感觉就是：在钻孔过程中钻头突然间失去了阻力，这时候就是钻头已经钻透了第一块玻璃。

另外，钻头在使用几次以后会变钝，推荐用600号或者800号的砂纸将钻头磨成一字螺丝刀的形状，再次进行钻孔的时候会很好用。

2.安装两脚支架

（1）取出两脚吸盘，用凡士林均匀涂抹在吸盘上，在裂痕的侧方，距离裂痕6～10 cm的位置上涂抹凡士林（就是在修复裂痕的注胶器行走的路径上涂抹凡士林）。

（2）将吸盘吸到玻璃上，大孔中心对准玻璃裂痕开始的部位。

3.安装注胶器

将装好胶水的注胶器（裂痕长，胶水就要放得多些）装到两脚吸盘上，将注胶器的中心对准裂痕开始的部位，锁紧塑料顶丝，在看到注胶器顶端的密封圈稍稍变形为止。

4.注胶和贴固化片

给胶水压力，锁紧注胶器顶丝，此时可以观察到胶水正在缓慢渗入裂纹之中，随着胶水的渗入，向前移动两脚架，在注胶结束的部位上马上贴上贴片（可以先在贴片上滴上2滴胶水），随着注胶的延伸，贴片也要不断跟上，直到到达裂痕结束的地方为止。

5.紫光灯固化

操作方法与修复牛眼形裂痕一致。

6.整理表面

操作方法与修复牛眼形裂痕一致。

— 师傅建议 —

汽车玻璃修复需满足一定条件，玻璃的伤痕必须是小裂痕且没有伤害到夹层，只损伤了最外层。汽车玻璃修复之后从特定的角度看，可以看到一条浅浅的细线或者一个小白点，应在施工前和客户沟通说明，避免维修效果达不到客户的预期，从而产生纠纷。

任务检测

一、填空题

1.汽车玻璃的类型主要有_____、_____两种。

2.汽车前挡风玻璃裂痕有_____、_____、_____、_____4种形式。

二、简答题

1.汽车前挡风玻璃的修复原理是什么？

2.汽车前挡风玻璃修复的条件有哪些？

三、玻璃修复任务完成自检

序号	检查项目	完成情况	分析
1	修复后裂痕是否明显		
2	修复后多于树脂是否清除干净		
3	完工后注胶器是否清洁干净		

评价与反思

评价表

序号	项 目	考核内容	配分	评分标准	得分
1	操作前准备	玻璃修复工具准备	10	工具准备齐全，无缺漏	
2	安全防护	检查车辆是否停稳，驻车制动可靠	5	检查后，车辆制动可靠	
3	判断裂痕类型	根据类型准备合适工具	5	工具准备匹配	
4	清洁玻璃创口	清洁玻璃裂痕处	5	创口内无杂质、无水汽、无油脂等	
5	安放三脚架	安放三脚架	5	位置准确，固定可靠	
6	准备注胶器	装配调整注胶器	10	组装正确，无残留气体	
7		加注树脂	5	加注量合适	
8	安装注胶器	将注胶器在三脚架上固定好	10	固定可靠，压力合适	
9	抽真空	排除创口内空气	10	创口内无残留气体	
10	注胶	往创口内压入树脂	8	树脂完全填充创口	
11	贴固化片	取下三脚架和注胶器，粘贴固化片	5	粘贴良好，无气泡、无手印	
12	固化	紫光灯照射固化树脂	2	固化充分	
13	整理表面	用刀片刮去多于树脂	5	树脂刮除干净，不损玻璃	
14	质检	检查任务完成效果	5	干净、光亮	
15	工位清理	工具整理、场地打扫	10	工具归还无遗漏，场地打扫干净	
	总　分		100	合　计	

反思

1.能否在室外，特别是阳光充足的地方进行玻璃修复作业?

2.夏天玻璃温度较高时能否进行玻璃修复作业?

任务九　汽车车轮美容护理

任务描述

　　大部分的车主在洗车的过程中，只是将车身漆面清洗得光亮干净，却忽视了汽车车轮的清洗。我国道路环境差异较大，车轮行驶环境差，且轮胎上经常附着泥土、尘土、油脂和沥青等污物，不仅影响轮胎的美观还会对轮胎起腐蚀作用，使轮胎过早的老化甚至龟裂。车轮制动时产生的热量会使制动片的粉末在轮辋表面结焦，时间久会腐蚀轮辋且难以用一般的方法清除掉，严重影响轮辋的外观。在轮胎花纹处也常常会卡入石子、碎玻璃等坚硬异物，从而会加剧轮胎磨损，增加轮胎漏气、爆胎的几率。因此，对车轮进行合理的美容护理，既提高了车辆的美观，更重要的是延长了轮胎使用寿命，提高了行车安全性。本任务主要是对车轮的轮胎和轮辋进行清洗和施涂保护剂，达到车轮美容和护理的效果，增加车轮美观度和延长寿命。

任务目标

完成本任务的学习后，你应能：

★ 使用常见的车轮清洗护理剂；

★ 使用车轮清洗美容工具；

★ 记住车轮美容护理流程；

★ 独立完成车轮美容护理。

建议学时：2学时。

相关知识

车轮美容护理用品按用途分为三类：清洁类、保养类和清洁保养都具备的多功能类。在使用时应该注意区分，避免错用。

常见的汽车车轮美容用品见表2-10。

表2-10　轮胎常见美容用品

用　品	图　片	用　途
轮胎刷		刷毛硬度较大，可以将轮胎上的污物刷除，但是不能用来刷洗轮辋，否则容易划花轮辋表面，影响美观
轮毂刷		采用软质刷毛，刷毛密集，去污力强，能有效清洁轮圈死角，且不会划伤轮圈表面
轮胎清洁剂		能迅速、有效、安全地清洗轮胎。其含有表面活性成分，能对大多数顽渍进行有效分解，并且不腐蚀轮胎、轮毂和制动器，正常使用对人体无害
轮毂清洁剂		可以有效清除轮毂上的沥青、油污和焦结的制动粉。使用简单方便，效率高，个别清洁剂还有防狗尿的作用，减少狗尿对车轮的腐蚀威胁

续表

用 品	图 片	用 途
轮胎釉		含有特殊化学成分，能渗入轮胎内与橡胶完美结合，让轮胎有良好的光泽感并形成保护膜，可以抵抗紫外线等对橡胶的破坏，延长轮胎寿命

任务实施

一、操作准备

序号	工具、设备、用品名称	数量	序号	工具、设备、用品名称	数量
1	实训车辆	1	5	车轮清洗剂	1
2	高压洗车设备	1	6	轮毂清洗剂	1
3	轮胎刷	1	7	轮胎釉	1
4	轮毂刷	1			

二、操作过程

汽车车轮美容的操作流程：冲洗车轮—清洗车轮—清洗轮辋—车轮上光—质检完工。

1.冲洗车轮

用高压水枪冲洗车轮，去除大颗粒泥沙和浮土等污物。这时应将高压水调成柱状，增加冲击力，如图2-57所示。

图2-57 冲洗车轮

> **友情提示**
>
> 当车轮温度较高时，要让它自然冷却后再进行清洁，千万不能用冷水来清洗；否则，会使橡胶加速老化和铝合金轮毂受损。

2.清洗车轮

摇匀车轮清洁剂，将清洁剂均匀地喷洒在车轮表面，用轮胎刷或鬃毛刷进行刷洗，还要清除轮胎花纹中夹杂的石子、玻璃等异物，随后用高压水冲净车轮，如图2-58和图2-59所示。

图2-58 刷洗车轮

图2-59 剔除花纹中的异物

> **友情提示**
>
> 汽车前轮剔除花纹中异物时，空间狭小，可以转动方向盘将车轮左右偏转，便于操作。

3.清洗轮辋

喷洒轮毂清洁剂，按照清洁剂使用说明时间等待片刻，让清洁剂渗入污物内部，用轮辋专用刷子彻底清洁，然后用大量清水冲洗干净，避免清洁剂残留，最后用毛巾将轮辋擦干，如图2-60所示。

均匀喷洒在轮毂上　　　等待30秒待起反应　　　用毛刷刷洗　　　清水洗净残液

图2-60　轮辋清洗

4.车轮上光

摇匀轮胎釉，距离车轮20～30 cm进行均匀喷涂，再用海绵将轮胎釉涂匀，自然风干5～10 min即可，如图2-61所示。

> **友情提示**
>
> 　确保车轮清洗干净并且风干后，方可喷涂轮胎釉。
>
> 　假如使用的是轮胎蜡，则均匀喷涂在轮胎即可，不必擦拭。

图2-61　喷涂轮胎釉

5.质检完工

仔细检查轮胎与轮辋是否清洁干净，是否光亮，如图2-62所示。

使用前　　　　使用后　　　　使用前　　　　使用后

图2-62　质检

任务拓展

轮毂改色

时下有一种流行的轮毂装饰——轮毂改色，通过对轮毂进行覆膜或喷漆，改变轮毂原来的金属色，获得如红、橙、绿等可以彰显个性的色彩。也可以通过喷涂或覆膜黑色、灰色等，改变视觉效果，从而从视觉上改变了轮毂样式。

现在常见的轮毂改色方式有轮毂喷漆和轮毂改色喷膜两种，由于轮毂喷漆操作复杂，对设备和技术要求较高，故而使用较少。现在大多数喜欢DIY的年轻人采用轮毂改色喷膜的方式。这种方式在施工上操作更方便，不需要改变汽车原本配件、漆面，只把喷剂均匀地喷到轮毂表面即可，成膜后色泽艳丽持久、质感好，并且不需要时容易撕掉，颜色更改容易，如图2-63所示。

图2-63　轮毂改色喷膜去除

任务检测

一、填空题

1.汽车美容护理用品按照用途分为_____、_____、_____。

2.冲洗车轮时，为了提高水的冲击力，应将高压水调成_____状。

3.使用轮毂清洁剂后，一定要_____，避免清洁剂残留，腐蚀车轮。

4.使用轮胎釉时，距离轮胎_____cm喷涂。

二、车轮美容护理任务完成自检

序号	检查项目	完成情况	分析
1	轮胎花纹内是否有异物		
2	车轮是否干净、光亮		
3	轮毂是否还有锈迹		
4	轮毂刹车粉是否清除		

评价与反思

评价表

序号	项目	考核内容	配分	评分标准	得分
1	操作前准备	美容护理工具准备	10	工具准备齐全，无缺漏	
2	安全防护	检查车辆是否停稳，驻车制动可靠	5	检查后，车辆制动可靠	
3	冲洗车轮	检查胎温	5	轮胎降温后方可冲洗	
4		高压水调整	5	高压水调整为柱状	
5		是否按照一定顺序冲洗	2	从上至下冲洗	
6	清洗轮胎	喷涂轮胎清洗剂	5	使用正确清洗剂	
7		刷洗轮胎	5	使用轮胎刷刷洗	
8		清理轮胎花纹内异物	5	清理干净	
9		冲净轮胎	5	无残留，无污物	

续表

序号	项　目	考核内容	配分	评分标准	得分
10	清洗轮胎	检查轮胎有无破损	3	有无发现异常情况	
11		喷涂轮毂清洗剂	10	正确使用清洗剂	
12	清洗轮辋	刷洗轮辋	5	使用轮辋刷刷洗	
13		冲净轮辋，并擦干	3	无残留，无污物，无留水	
14		正确喷涂轮胎釉	10	距离轮胎20～30 cm	
15	轮胎上光	涂匀轮胎釉	5	分布均匀，无遗漏	
16		自然风干	2	时间5～10 min	
17	质检	检查任务完成效果	5	干净、光亮	
18	工位清理	工具整理、场地打扫	10	工具归还无遗漏，场地打扫干净	
	总　分		100	合　计	

反思

1.车轮清洁剂有哪些种类？举例几种清洁剂的使用方法？

2.刷洗铝合金轮辋时能否使用坚硬的鬃毛刷？为什么？

3.轮胎上光蜡和轮胎釉使用时有什么区别？

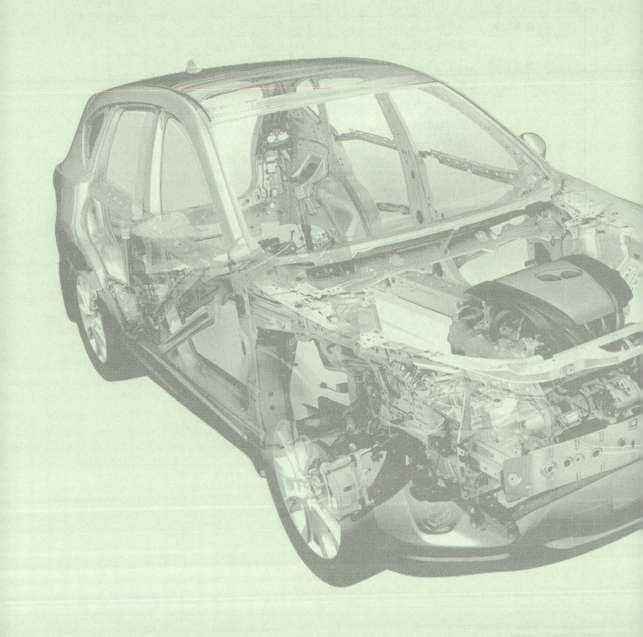

项目三 汽车内饰美容

汽车的美容作业不光包括汽车的外表面处理，汽车的内饰美容也是很重要的组成部分，对驾乘人员的舒适性有很大的影响。内饰美容是一项系统而又细致的清洁护理项目，包括汽车内室、发动机舱的清洁与护理等美容项目。因此，既要明确施工项目的内涵，又要遵循严格的操作工艺流程，只有如此才能有效地组织操作，提高工效，节约时间，保证作业的质量。

任务一　内室美容

任务描述

　　汽车的内室美容主要是指对驾乘人员的空间和行李舱进行清洁、护理、空气净化等一些列美容作业，营造卫生舒适的车内环境，这不仅可以提高驾乘车辆的舒适性，还能延长内饰的使用寿命。

任务目标

　　完成本任务的学习后，你应能：

　　★ 记住车内污垢的种类和去污原理；

　　★ 判断各种内饰清洁护理剂的类型和特性；

　　★ 使用内饰美容设备；

　　★ 完成汽车内饰清洁与护理。

　　建议学时：4学时。

相关知识

一、内饰美容的作用

　　（1）汽车内饰清洁有助于延长使用寿命。车室的清洁、杀菌、除臭，可以有效地防止各种污物对车室如地毯、真皮座椅、纤维织物等的腐蚀，同时专业汽车美容店还有专门的内饰保养上光剂保护内饰各个部件。

　　（2）创造良好的车内环境，保护人体健康。汽车内饰中的地毯、座椅、空调风口、行李箱等处，经常接触潮湿的空气或水渍，这些地方最易令细菌滋生，使内饰霉变，散发出臭气，不但影响了室内空气环境，更重要的是对人体健康产生威胁。汽车内饰清洁，能改善车内环境，避免驾乘人员生病。

二、车内污垢的种类与形成过程

　　1.车内污垢的种类

　　• 水溶性污垢：糖浆、果汁、血液、黏附性的液体等。

　　• 非水溶性固态污垢：泥、沙、金属粉末、铁锈、花粉、霉菌、虱虫等。

　　• 油脂性污垢：润滑油、漆类产品、油彩、沥青、食物油等。

　　2.污垢的形成过程

　　（1）粘附：污垢会在重力的作用下停落或粘附在物件表面，当有压力或摩擦力产生时，污垢也会渗入物件的表层纹理，变得难以去除，如汽车仪表台上的灰尘。

　　（2）渗透：饮料或者污水等液体污物会渗透物件的表层，被物体所吸收，以致很难清除，如织物座椅或者脚垫上的饮料或血渍。

（3）凝结：黏性污垢变干凝固后，会紧紧粘贴在物件表面，如汽车内饰顶棚或织物座椅上的轻油类污渍。

三、去除污渍的方法

想要有效去除污渍需要以下4个方面的作用相互配合，才能发挥最佳的清洁效能。

● 高温蒸汽。高温蒸汽可使极难去除的污垢在清洗之前得到软化，为手工清洁内饰部件上的污渍做好准备。

● 水。用水可以去除水溶性污垢，但不能去除油脂性污垢，难以清洁内饰部件上的非亲水污垢。

● 清洁剂。对于不同内饰材质有针对性地使用专业清洁剂，能高效去除各种内饰污垢，如织物清洁剂、皮革清洁剂、塑料清洁剂等。

● 作用力。用力清洗内饰部件时，拍打、刷洗、挤压等皆有助于去除污垢。

> **友情提示**
>
> 高泡清洁剂不适用于清洁纤维或皮革制品内饰，因为无法用大量清水清洗干净，容易造成霉变、滋生细菌和虱虫等。纤维或皮革制品应采用含非离子表面活性剂的低泡清洁剂进行清洗，只需用半湿的毛巾擦净表面即可。

四、汽车内饰的材料

为了使轿车车厢更加舒适和美观，且造价成本得到有效控制，车厢内的坐垫，高级轿车多采用手感柔和，色泽饱满的皮革、呢绒材料，而普通轿车常常采用化纤织物；仪表台对于高级轿车可以镶嵌胡桃木、花梨木等高级木材，而多数车辆直接使用橡塑材料。

1.皮革材料

目前，市面上流行的皮革制品有真皮和人造皮革两大类。真皮采用动物皮革通过鞣制、拼接等工艺处理后舒适性、透气性、耐磨性均优于人造皮革。人造皮革中合成革和人造革是由纺织布或无纺布作基底用聚氨酯涂覆并采用特殊的发泡工艺处理制成，有的表面手感酷似真皮，但是透气性、耐寒性、耐磨性均不如真皮。

皮革制品在使用过程中容易出现松面、裂浆、掉浆、露底、掉色等多种问题，因此皮革制品在使用过程中的保养与维护很重要。

2.橡塑材料

橡塑是橡胶和塑料的统称，它们最本质的区别在于塑料发生的是塑性变形，而橡胶发生的是弹性变形。橡胶分为天然橡胶和合成橡胶，在使用过程中会由于橡胶自身原因和外部环境因素如氧、热、光、机械性疲劳等原因造成老化现象，表现为橡胶制品龟裂或硬化，导致橡胶物性退化。塑料可以分为热塑性塑料和热固性塑料，两种塑料在内饰中均有采用，同橡胶一样，在使用过程中也会出现塑料的老化现象。

3.纤维材料

纤维材料可以分为天然纤维和化学纤维两种。天然纤维是指由棉、麻或毛为原料加工制成的成品材料。天然纤维材料的特性是安全环保、舒适性好，但是容易脏污，清洁保养比较麻烦。化学纤维是以天然或人工合成的高分子物质为原料经过化学或物理的方法加工而得到的纤维制品。化学纤维由于各种高分子物质的作用，有的性能已经优于天然纤维，因此在汽车内饰中也大量使用。

4.合金材料

合金是由两种或两种以上的金属或非金属经一定方法所合成的具有金属特性的物质，一般通过熔合成均匀液体和凝固而得。在汽车装饰部件上使用的合金绝大多数都是镀到基材上的，主要是为了增加其耐磨性和美观度，并且满足车主不同的个性化需求。

5.木质或仿木质材料

木质或仿木质材料也是轿车内饰的主要材料之一，一般镶嵌在仪表板、中控板、门扶手等地方。桃木具有美观、高雅、豪华等特点，其独有的花纹图案可以获得特殊的装饰效果，因此一些中高端轿车采用桃木作为内饰材料，而中低端车在车内配置仿桃木材料来提高档次。部分豪华轿车也采用胡桃木、花梨木等贵重木材来彰显身份。

五、常用的汽车内饰清洁剂和护理剂

汽车内饰不同于外饰，不可能用水或混合液体冲洗，只能采用类似"干洗"的方式进行清洁。因此，要根据清洗对象材料的特性采用相应的专用产品，一般在车表清洁作业后进行，常见的清洁剂和护理剂见表3-1。

表3-1　常见的内饰清洁剂和护理剂

用　品	图　片	用　途
万能清洁剂		用于车身内部、外部高效清洁去污，有效清洁汽车表面上的油污和重垢，可作为预处理剂预先清洁汽车内饰的污渍
内饰清洁剂		能快速分解浮出污垢，可以在化纤皮革表面形成保护膜，有效驱尘，防止老化。适用于真皮、布艺、皮革、化纤、塑料等材料
多功能泡沫清洁剂		适用于任何可以清洁的物体表面，具有超强的渗透清洁能力，作用迅速

续表

用 品	图 片	用 途
表板蜡		应用于汽车仪表板、门饰板、防水条等塑料、橡胶部件，具有防尘污、防褪色、防老化等功效，还可以起清洁、增艳、保护、有效抵抗紫外线侵害的作用
皮革上光保护液		延缓皮革老化，使皮革抵抗紫外线、光亮、不发粘

任务实施

一、操作准备

序号	工具、设备名称	型号或说明	数量
1	实训车辆		1
2	吸尘器	专业型	1
3	高温蒸汽清洗机	干式	1
4	毛巾	不脱毛	4
5	刷子	中硬	1
6	高压清洗机		1

二、操作过程

内室美容的操作流程：内室除尘—蒸汽预洗—内室各部分的清洁护理。

1.内室除尘

（1）首先将车辆停稳，并将车内的脚踏垫和杂物取出，抖去尘粒，倒掉烟灰。配合高压水枪及泡沫清洗剂将脚垫冲洗干净，放在一旁晾干，如图3-1所示。

内室清洁护理

图3-1 脚垫清洗

— 友情提示 —

由于脚垫下为纤维绒材料，应避免被水打湿，避免在脚垫未干透的情况下安装到车上从而产生霉变，用泡沫清洁剂配合半湿的毛巾擦拭干净即可。

（2）对于汽车内的各踏板部件，可以用刷子或沾有清洁剂的抹布进行刷洗。

（3）用专业吸尘器进行细致吸尘。

— 友情提示 —

特别要清除上面的油脂类污垢，对提高行车安全有很大帮助。

— 友情提示 —

应遵循从高到低的原则，首先进行顶棚的除尘，然后依次是仪表盘、座椅、车门内侧及后备箱。如图3-2所示。

吸尘时应避免吸尘器或管带碰擦车身，造成车身被刮花；不能把硬币、金属异物或车主有用的物品吸入。

地板的吸尘要分两次操作，第一次吸掉沙粒、石子等；第二次更换刷子的吸头，边刷边吸，主要是去掉灰尘。

①正驾区域　　　　　　②正驾后区域　　　　　　③副驾区域

④副驾后区域　　　　　　⑤后备箱

图3-2　吸尘顺序

2.蒸汽预洗

在蒸汽清洗机中加入适量清水，待蒸汽压力达到正常压力后对除顶棚和仪表板外的部位（包括行李舱）进行蒸汽喷覆，以增加污垢的活性，使之在清洗过程中容易从载体上分离。蒸汽预洗对除去异味有很好的作用。

3.顶棚的清洁护理

汽车顶棚多为毛料或纤维绒布制成，因其位置特殊，其主要污染是吸附烟雾、粉尘及人体的头部油脂。顶棚清洗应该使用绒毛清洁柔顺剂，从前往后先往顶棚上喷少许绒毛清洁剂，湿润30s后用干净的毛巾从污迹边缘向中心进行擦拭。污垢严重时可多次重复以上操作，处理干净后用另一块干净的棉布顺着车顶的绒毛方向抹平，使其恢复本来的面貌。

友情提示

车顶棚内填充物是隔热吸音的材质，吸水性能强，清洁时抹布一定要稍干一些；否则湿乎乎的抹布会使清洗剂浸湿车顶材料，以致于很难干燥。

4.仪表板、方向盘的清洁护理

仪表板多为塑胶制品，外表存在较多细条纹，其沾染的成分多为灰尘，容易清除。一般是先用拧干的湿毛巾进行擦拭，再使用专用塑胶护理上光剂处理。只需轻轻擦拭，清洁上光便可一次完成，如图3-3所示。

方向盘多为酚醛树脂、ABS工程塑料制造，有些还附有人造革或者真皮材料，容易沾染油脂、汗脂、积聚各种污垢。先用泡沫型内饰清洁剂清洗，再使用塑料上光剂或者皮革上光剂，等待3~5 min后再配合软毛刷进行上光处理。

5.中控区的清洁护理

中控区域多为皮塑制品，它的清洁护理要特别小心。这个区域边角缝隙特别多，而且是音响、电话、空调等各种控制开关的分布区域。在操作中不允许直接对其喷洒清洁剂，而应把清洁剂喷在毛巾上，轻轻擦拭干净即可。清洁完毕后，喷上皮塑上光剂，只需轻轻擦拭，即可得到一个干净光亮的表面，如图3-4所示。

图3-3　仪表台清洁　　　　　　　　　图3-4　中控清洁

6.座椅的清洁护理

座椅的使用频率极高，粘有大量的人体汗渍、油渍和细菌，是车内清洁的重点。座椅的清洁护理应根据座椅的材质来确定。座椅一般有化纤织物、人造革、真皮制品三种材质。根据不同的面料选择对应的清洁剂清洁，否则不科学的清洁方法会给面料带来损害，如图3-5所示。

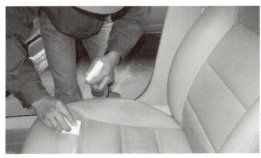 

图3-5　座椅清洁

友情提示

织物和皮革的颜色是用染料染色形成的，有机染料会与某些清洁剂发生反应出现褪色现象。因此首次使用某些品牌的清洁剂时，应在座椅面料不显眼的地方进行试用，确认无褪色后，才能大面积使用。

• 化纤类座椅的清洁护理：将化纤清洁剂摇晃均匀后，将清洗剂喷到污处，稍停片刻，用一块洁净的干毛巾用力压在污物处，吸出含有油污、污物的液体，再从四周往中间仔细擦拭，直到除去污迹。对于顽固污迹可以重复以上过程或者再配合蒸汽清洗机清洗。

• 人造革、真皮座椅的清洁护理：由于人造革和真皮座椅表面有很多细纹，这些细纹内极易吸附污垢，用一般方法很难去除干净。

具体的清洁方法是：首先对于较脏的座椅建议先用泡沫型清洁剂进行预处理，能有效润湿和分解油污。然后用真皮清洁剂，配合软布

友情提示

人造革和真皮座椅不可用水清洁，否则不但影响美观，还会产生裂纹而影响使用寿命。

和毛刷彻底清除细纹中的污垢。最后用真皮上光保护剂进行上光处理，可在座椅表面形成一层保护膜，增加座椅的使用寿命。

7.门饰板的清洁护理

门饰板有化纤织物和皮革两类，一般汽车的门饰板距离坐车人近，最容易弄脏而且粘上的油污较多，可采取与座椅清洁护理相同的方法处理。

8.安全带的清洁护理

安全带应用中性清洁剂或温水进行清洗，不能选用有染色剂或漂白剂的清洁剂清洗，否则会降低安全带的强度。

9.地毯的清洁护理

车用地毯多用化纤或丝绒制成，根据安装方式可以分为可拆卸式和不可拆卸式。对于可拆卸式的地毯可将其拆卸下来，用地毯清洁剂清洗，然后用清水冲洗，再将它们折叠起来用专用的甩干桶进行脱水处理，晾干装上，然后喷上化纤丝绒毛柔顺剂，用毛巾擦拭干净即可。对于不可拆卸的地毯，用多功能泡沫清洗剂清洗，然后喷柔顺剂，用毛巾擦拭干净即可。

10.空调出风口的清洁护理

空调出风口的材料多为硬质塑料，沾染的污垢基本上为粉尘。沾染灰尘不多，清洁时用塑料清洁剂处理。因为空调出风口有栅格，建议使用海绵条蘸取塑料清洁剂处理，也可以用小的软毛刷配合清洁。

11.行李舱的清洁护理

行李舱和驾乘舱内部极为相似，内饰多为绒布，清洁方法也基本相同。在吸尘和蒸汽预洗后，对

图3-6 行李舱清洁

于污迹较为严重的部位用化纤物清洗剂进行清洁。清洁后，可对丝绒内饰再喷涂一层丝绒保护剂或者光亮剂。对于行李舱的密封条可先用水洗清洁，然后用毛巾吸干水分，再上车蜡或橡胶保护剂。最后对整个行李舱进行喷洒消毒清新剂。清洁护理完毕后将清洁前取出的物品还原到原处，如图3-6所示。

> **师傅建议**
>
> 在施工作业前对车内污迹的清洁效果进行预判，并且告知客户能达到的清洁效果，对于不易完全清除的污迹要告知客户原因，车内清洁完成后会有各种清洁剂的异味短暂残留，也要提前告知客户，避免施工完成后客户对施工质量有误解从而产生纠纷。

任务检测

一、填空题

1.污垢的种类可以分为_____、_____、_____。

2.污垢的形成分为_____、_____、_____三步。

二、简答题

1.去除污垢的方法有哪些？

2.塑料和橡胶在使用中最本质的区别是什么？

三、内室美容任务完成自检

序号	检查项目	完成情况	分　析
1	顶棚是否干净		
2	仪表台、中控台、方向盘是否干净		
3	座椅是否干净		
4	各储物格是否干净		
5	行李舱是否干净		
6	是否按照材质使用清洁剂		

评价与反思

评价表

序号	项　目	考核内容	配分	评分标准	得分
1	操作前准备	车辆停放周正，安全可靠	5	车辆停放不歪斜，驻车制动良好	
2	工具准备	各美容用品准备在工具车上	5	用品准备齐全	
3	内室吸尘	驾乘舱除尘	5	顺序从上到下	
4		脚垫清洁、踏板清洁	3	清理彻底	
5		行李舱吸尘	3	清理彻底	

续表

序号	项 目	考核内容	配分	评分标准	得分
6	蒸汽预洗	操作蒸汽清洗剂	2	操作正确	
7		预洗除顶棚和仪表板以外的部位	5	预洗部位无遗漏	
8	顶棚的清洁护理	清洁汽车内饰顶棚	10	清洁剂选用合适，清洁彻底，无残留	
9	仪表板、方向盘的清洁护理	清洁护理仪表板和方向盘	5	清洁剂选用合适，清洁彻底，无残留	
10	中控区的清洁护理	清洁护理中控区域	5	清洁剂选用合适，清洁彻底，无残留，不损坏电器	
11	座椅的清洁护理	清洁护理各座椅	10	清洁剂选用合适，清洁彻底，无残留	
12	门饰板的清洁护理	清洁护理各门饰板	5	清洁剂选用合适，清洁彻底，无残留，不浸湿按钮	
13	安全带的清洁护理	清洁各安全带	5	清洁剂选用合适，清洁彻底，无残留	
14	地毯的清洁护理	清洁护理地毯	5	清洁剂选用合适，清洁彻底，无残留	
15	空调出风口的清洁	清洁空调出风口	5	清洁剂、工具选用合适，清洁彻底，无残留	
16	行李舱的清洁护理	清洁护理行李舱	5	清洁剂选用合适，清洁彻底，无残留	
17		还原取出的各物品至原位	2	无遗漏、无错乱	
18	质检	检查各部件清洁护理情况	10	无遗漏、无错判	
19	工位清理	工具整理、场地打扫	5	工具归还无遗漏，场地打扫干净	
总 分			100	合 计	

反思

1.为什么清洁污迹时是从四周往中间擦拭，能否反方向操作？

2.净化空气除了用蒸汽外还可以用哪些方式？

成长领航

在进行汽车美容作业前，接待人员均会提醒客户将贵重物品随身携带，避免美容作业后产生不必要的纠纷。乘客舱和后备箱内客户往往存放着个人物品，有可能存放现金、名表、饰品等贵重物品，在进行美容作业时，如有发现应及时告知客户。假如在清理室内时，在座椅下方、座椅缝隙、地板夹缝等隐蔽地方发现客户遗落的贵重物品或者现金，应及时交还给客户，切勿占为己有。诚信作为公民的基本道德规范，更是职业道德基本规范，也是爱岗敬业的基本要求。

任务二　发动机舱美容

任务描述

　　发动机舱美容是指根据发动机舱的特殊性，采用专业美容护理用品、工具，对发动机舱内各部件进行清洗与保养，以达到净化发动机舱、延长发动机及附属件使用寿命的一种工艺。发动机舱护理主要包括三个方面的内容：一是污渍清除；二是锈渍处理；三是发动机舱电器部分的清洗。

任务目标

完成本任务的学习后，你应能：

★ 描述发动机舱美容的特点；

★ 判断发动机舱美容用品的种类与特性；

★ 完成发动机舱美容操作。

建议学时：2学时。

相关知识

一、发动机舱美容的重要性

　　发动机是汽车的"心脏"，发动机性能的好坏直接影响汽车的使用性能。汽车上安放发动机的空间称为发动机舱。绝大多数轿车的发动机都安放在汽车的前部，打开汽车引擎盖就能看见。由于汽车行驶环境复杂，发动机要不断地向外散热，所以发动机舱不是一个完全密闭的空间，致使汽车在行驶过程中卷起的风沙尘土从发动机舱下部进入，覆盖在发动机舱各部件表面。另外，发动机长时间在高温下工作，会使发动机表面形成厚厚的油泥性污垢，时间一长将会渗透于发动机表面各部件上，造成金属生锈、橡塑件老化变形等，从而导致发动机故障。

二、发动机舱常见护理工具和护理液

　　由于汽车发动机舱内部空间复杂、含有大量电器设备且油泥污染严重，因此其清洁护理和汽车外部的清洁护理有一定区别，常见的发动机舱护理工具和护理剂见表3-2。

表3-2　常见的发动机舱护理工具和护理剂

用　品	图　片	用　途
发动机外部清洗剂		为轻质类去油剂，分解去污能力强，对材质无腐蚀性，适用于大部分汽车的金属、塑料、橡胶等部件

续表

用　品	图　片	用　途
发动机外部保护剂		能在发动机外部形成覆膜，对发动机外部进行持续性保护，提高抗脏污的能力
电气清洗剂		具有极好的挥发性，有清洁、防潮、润滑的功能，主要对汽车电气设备进行清洁护理，能有效避免短路等故障
防锈剂		具有防锈作用，还有一定的除锈功能
毛刷型清洗枪		在水冲洗的同时可以用前部毛刷增强清洁能力
吹尘枪		利用高压气体吹去表面浮尘

任务实施

一、操作准备

序号	工具、设备、用品名称	数量	序号	工具、设备、用品名称	数量
1	实训车辆	1	7	防锈剂	1
2	高压清洗剂	1	8	三件套	1
3	吹尘枪（长短嘴均备）	2	9	大毛巾	1
4	毛刷型清洗枪	1	10	扁刷	1
5	外部清洗剂	1	11	遮蔽膜	1
6	外部保护剂	1			

二、操作过程

发动机舱美容的操作流程：车辆检查—外部遮蔽—吹尘—电器设备遮蔽—发动机舱盖内侧清洁—低压水喷淋发动机舱—清理油污—锈蚀处理—流水槽的清洁—电器元件的清

洗—吹干—保护处理—自检。

1.车辆检查

（1）首先将车辆停稳，检视车容。

（2）启动发动机，检查发动机运转情况。

（3）关闭发动机后打开发动机舱检查各部件有无破损，特别是电器部件的保护壳套，并且对检查情况进行记录，如图3-7所示。

友情提示

假如此时发动机温度较高，必须等发动机冷却散热后再进行清洗保养。

图3-7 检查记录

2.外部遮蔽

使用专用的大毛巾把前挡风玻璃进行遮挡，左右翼子板和中网用专业罩布进行遮盖。防止作业过程中刮伤漆面，以及清洗时飞溅出来的油污、灰尘落在漆面和前挡风玻璃上。

3.吹尘

使用吹尘枪把发动机舱各部件表面的灰尘初步清理一遍，吹尘的顺序为从高到低，由里向外，如图3-8所示。

4.电器设备遮蔽

用遮蔽膜或塑料纸等防水材料扎紧不宜淋水的部件，主要是包扎保鲜盒、发动机、行车电脑等或外壳破损的电器设备。

5.发动机舱盖内侧清洁

（1）用低压水冲洗内侧，若有隔音棉的车辆浸湿即可。

（2）喷洒发动机外部清洁剂，之后利用刷子和毛巾由上到下进行擦拭，吸走污垢，再用低压水冲洗干净。

（3）清洗完毕后马上用洗车毛巾擦干，如图3-9所示。

图3-8 吹尘

图3-9 内侧清洁

6.低压水喷淋发动机舱

将高压水枪喷出水柱调至扇面，使水压降低，能将尘土冲掉，将发动机淋湿即可，如图3-10所示。

发动机舱
清洁护理

图3-10　低压喷淋

— 友情提示 —

去污完成后，务必观察是否还有油液渗出，如有渗出则需要进行维修检测作业。

7.清理油污

使用发动机外部清洁剂喷涂在发动机外部，等待2～3 min后，油污严重的地方用毛刷仔细刷洗，然后冲掉泡沫和污水。冲洗干净后观察发动机及各附件表面是否有损伤。

8.锈蚀处理

将除锈防锈剂喷涂在锈蚀处，待其作用10 min后，用硬毛刷刷洗或用细砂纸进行砂光处理，然后用软布擦干。

9.流水槽的清洁

前挡风玻璃下，发动机盖与两前翼子板结合处的流水槽经常较脏，可先用清水冲洗并且观察流水槽是否排水顺畅，若有拥堵现象用工具进行疏通。冲洗干净后用干净软布擦干，喷涂橡胶护理剂，防止老化。

10.电器元件的清洗

先去掉包扎的保护膜，用电气专用清洁剂喷涂表面，并且用干净的半湿毛巾快速擦拭清洁。最后使用多功能防腐润滑剂喷涂一遍，使电器元件的插接头具有抗潮、避水及润滑等多项保护功能。

11.吹干

用高压气枪将整个发动机舱全部吹干，特别是电器元件更要仔细，避免水进入元件内部，导致短路现象。

12.保护处理

喷洒发动机外部保护剂，再用柔软干净的毛巾反复擦拭，即可完成对发动机舱的护理工作，如图3-11所示。

图3-11　喷洒保护剂

13.自检

完成护理工作后，启动发动机工作5 min后，检查工作是否正常，发动机外部是否有油污渗透出，若有，则需进行维修检查作业。

友情提示

部分采用发动机外部防护液，使用喷枪使其雾化，均匀喷在发动机舱内即可。

师傅建议

发动机舱清洗工位一般和车表清洗工位在一起，发动机清洗可以设置专用的低压水枪，并做好标识，避免由于疏忽使用高压水枪或者忘记调低高压水枪的压力就冲洗发动机舱造成电路损伤。

任务检测

一、填空题

污垢的种类可以分为_____、_____、_____。

二、简答题

简述发动机舱护理的重要性。

三、发动机舱美容任务完成自检

序号	检查项目	完成情况	分析
1	发动机舱盖是否干净		
2	发动机表面是否干净		
3	各附件是否干净		
4	发动机舱各部件上是否有积水		
5	电器元件是否干净		
6	流水槽是否干净通畅		
7	汽车是否正常工作		

评价与反思

评价表

序号	项目	考核内容	配分	评分标准	得分
1	操作前准备	车辆停放周正，安全可靠	5	车辆停放不歪斜，驻车制动良好	
2	工具准备	各护理用品准备在工具车上	5	用品准备齐全	
3	车轮检查	对车况进行检查	5	检查项目齐全，记录规范	
4	外部遮蔽	挡风玻璃遮蔽	2	遮蔽良好	
5		翼子板、中网遮蔽	3	遮蔽良好	
6	吹尘	用高压气体吹去浮尘	5	顺序正确，无遗漏	

续表

序号	项 目	考核内容	配分	评分标准	得分
7	电器设备遮蔽	用塑料膜遮蔽电器设备	5	包扎严实，无遗漏	
8	发动机舱盖内侧清洗	清洁发动机舱盖内侧	5	清洁剂选用合适，清洁彻底	
9	低压喷淋发动机舱	低压水喷淋发动机舱，冲去尘土	5	水压合适，去污效果良好	
10	清洗油污	清洗发动机舱内油污	15	清洁剂选用合适，清洁彻底，无残留	
11	锈蚀处理	处理清洁锈蚀的地方	10	清洁剂选用合适，清洁彻底	
12	流水槽清洁	清洁疏通流水槽，喷涂防护剂	5	清洁彻底干净，防护剂选用合适	
13	电器元件清洗	清洁各电器元件	10	清洁剂选用合适，清洁彻底，无残留，不损坏元件	
14	吹干	用高压气体吹干发动机舱	5	吹干表面，内部无污水聚积	
15	保护处理	喷涂发动机外部保护剂	5	喷涂均匀，无遗漏	
16	自检	检查各部件清洁护理情况，启动汽车检查工作情况	5	各部位清洁护理到位，汽车工作正常	
17	工位清理	工具整理、场地打扫	5	工具归还无遗漏，场地打扫干净	
总 分			100	合 计	

反思

1. 蓄电池应如何清洁，拆卸蓄电池时的注意事项有哪些？
2. 如何进行空气滤清器的清洁？

任务三 汽车空调清洗

任务描述

　　汽车空调系统能为驾乘人员提供舒适的乘坐环境。在夏季，制冷系统的蒸发器会吸收车内热量从而降低车内温度，其表面会有冷凝水产生，故一直处于潮湿的状态。潮湿封闭的环境会滋生大量的有害病菌，产生异味，导致车内空气质量下降，使人感到不适，易出现头晕、恶心、乏力等状况，长时间处于这样的环境中还可能引发一些疾病，危害身体健康。因此除了定期更换空调滤清器以外，还应该定期清洗空调系统，特别是每年夏天使用空调前和冬季使用暖风前对蒸发箱、空调风道进行彻底清洗。

任务目标

完成本任务的学习后，你应能：

记住汽车空调清洗的方法及注意事项；

熟练掌握汽车空调清洗工具的使用方法；

独立完成汽车空调清洗作业。

建议学时：4学时。

相关知识

一、需要清洗空调系统的情况

（1）打开车内通风系统时，从出风口吹出的风中带有异味（如类似霉变、粉尘的气味）。

（2）在制冷或制热时，从出风口吹出的风不够清新，伴有霉变、酸腐等怪味。

（3）制冷效果下降，出风量下降。

（4）人长时间待在车内时，呼吸道感到不适，或伴有咳嗽、喷嚏、胸闷等状况。

（5）长时间没有使用的车辆需要重新使用。

二、汽车空调清洗用品及工具

汽车空调清洗用品及工具见表3-3。

表3-3 汽车空调清洗用品及工具

用品	图片	用途
拆装工具套装		在部分车型更换空调滤清器、清洗蒸发器时，用于拆卸部分饰板或风机、风机电阻，视具体车型可能还需要使用塑料翘板
可视化空调清洗枪		用于清洗蒸发器，可以直观地看见蒸发器表面的污物和清洗情况，更利于蒸发器的清洁

续表

用品	图片	用途
空调清洗套装		用于清洗蒸发器和气道，去除车内异味。不同品牌的套装中包含的物品可能不一样，一般都包含清洗剂、杀菌剂、车内祛味增香剂等
空调滤芯		替换原有的空调滤芯，保障清洗后的空气质量

任务实施

一、操作准备

序号	工具设备名称	型号或说明	数量
1	实训车辆	/	1
2	拆装工具	/	1
3	可视化空调清洗枪	/	1
4	空调清洗套装	/	1
5	空调滤芯	/	1
6	废液盘	/	1

二、操作过程

汽车空调清洗的操作流程：检查空调系统工作是否正常—放置废液盘—取下空调滤芯—拆下空调风机—喷洒空调清洗剂—喷洒空调杀菌剂—喷洒异味去除剂—安装风机、空调滤芯—风干。

1.检查空调系统工作是否正常

打开汽车全部车门，启动车辆，打开A/C开关，将空调循环模式调至外循环，将风速调到最大，观察仪表显示是否正常，检查空调的出风风量，有无冷风，几分钟后观察车底冷凝水滴出情况，判断空调排水口位置和排水口是否通畅，如图3-12所示。随后关闭发动机，准备清洗工作。

图3-12　检查排水口

友情提示

判断空调系统是否正常工作，可以避免在维修过程中与客户产生误会，是必不可少的环节。

2.放置废液盘

将废液盘放置在空调排水口下方，盛接空调排水口流出的冷凝水，在随后的清洗过程中盛接排水口流出的清洗液，避免污水弄脏地面，如图3-13所示。

3.取下空调滤芯

打开手套箱，取下手套箱，拆下空调滤芯盖板，取下空调滤芯，如图3-14所示。

图3-13　放置废液盘

图3-14　取下空调滤芯

4.拆下空调风机

利用拆装工具将空调风机固定螺栓取下，拆下空调风机，如图3-15所示。

图3-15　拆下空调风机

5.喷洒空调清洗剂

将清洗套装内的空调清洗剂安装在可视化空调清洗枪上，通过观察屏幕对蒸发器表面喷洒清洗剂。清洗剂分两次喷完，中间间隔2分钟左右，第二次喷完后，等待5分钟，给予清洗剂分解污垢的

友情提示

步骤3和步骤4的操作主要是为清洗蒸发器表面，找到可视化空调清洗枪的伸入通道，不同车型的伸入通道会有一些差异，常见的有以下3种情况。

（1）从空调滤芯伸入

空调滤芯安装在空调风机与蒸发箱中间位置，因此取下空调滤芯后，就可以直接利用可视化清洗枪伸入管道清洗蒸发器表面。

（2）利用空调风机电阻安装孔伸入

部分车型的空调滤芯外置或者空调风机易拆卸，可以利用空调风机电阻的安装孔，将可视化清洗枪的喷管从安装孔伸入管道清洗蒸发器表面。

（3）拆卸空调风机后伸入

有的车型的空调风机安装在空调滤芯与蒸发器之间，因此拆下风机后，将可视化清洗枪的喷管伸入管道清洗蒸发器表面。

时间。最后将空调清洗剂瓶内灌入清水，安装上空调清洗枪，冲洗蒸发器表面，如图3-16所示。

图3-16 使用可视化空调清洗枪进行清洗

> **友情提示**
>
> 不同品牌的空调清洗产品的使用方法有差异，具体操作方法可参照产品说明书。

6.喷洒空调杀菌剂

将清洗套装内的空调杀菌剂安装在可视化空调清洗枪上，通过观察屏幕对蒸发器表面喷洒杀菌剂。

7.喷洒异味去除剂

将清洗套装内的异味去除剂安装在可视化空调清洗枪上，通过观察屏幕对蒸发器表面喷洒一半的异味去除剂。剩下的一半异味去除剂分别适当喷洒在车厢内部和空调出风口。

8.安装风机、空调滤芯

喷洒清洗完毕后，安装空调风机和新的空调滤芯，将所拆的部件恢复原位。

> **友情提示**
>
> 安装时应注意空气滤芯的安装方向。

9.风干

启动汽车，空调开启热风，运转10~15分钟，使空调系统的风道、蒸发器等部件干燥，随后即可正常使用空调。

任务检测

一、填空题

1.汽车空调系统清洗主要是清洗_____、_____等地方。

2.汽车空调系统清洗套装一般包含_____、_____、_____3种清洗剂。

二、汽车空调清洗任务完成自检

序号	检查项目	完成情况	分析
1	清洗完成后空调是否工作正常		
2	蒸发器表面是否清洗干净		
3	出风口空气是否清新		
4	空调滤芯是否更换		
5	拆卸的附件是否恢复到位		

评价与反思

评价表

序号	项目	考核内容	配分	评分标准	得分
1	操作前准备	工具、清洁套装准备	5	工具准备齐全，无缺漏	
2	安全防护	检查车辆是否停稳,支撑是否可靠	5	检查后，车辆支撑可靠	
3	清洗前检查	制冷情况检查	5	调至外循环最大制冷量	
4		风量检查	5	调至最大风量	
5		排水口检查	5	找到正确的排水口	
6	摆放废液盘	将废液盘放置到位	5	正确摆放废液盘	
7	拆卸空调滤芯	拆卸手套箱	5	正确拆卸	
8		取下空调滤芯	5	正确取下	
9	拆卸风机	正确拆卸风机螺栓	5	工具使用正确	
10		取下风机	5	无损伤	
11	清洗	使用清洁剂清洗蒸发器	10	正确使用可视化空调清洗枪	
12		使用杀菌剂清洗蒸发器	5	正确使用可视化空调清洗枪	
13		使用异味去除剂清洗蒸发器和风道	10	正确使用可视化空调清洗枪	
14	装复	安装风机、滤芯、手套箱	10	操作正确，装复到位	
15	风干	持续吹10~15分钟暖风	5	操作正确	
16	质检	检查任务完成效果	5	空气清新，空调功能正常	
17	工位清理	工具整理、场地打扫	5	工具归还无遗漏，场地打扫干净	
	总分		100	合计	

反思

1. 如何利用维修手册查找清洗空调时附件的拆装方法？
2. 怎样使用空调可以减少细菌、霉菌的滋生？

成长领航

汽车空调清洗不光是简单的清洁操作，更是关系到车内空气质量好坏，影响客户身体健康的操作项目，因此要求清洗作业人员专业技能过硬、工作态度认真。不同的车型由于设计原因，空调滤清器位置、风机位置、空调气道可能均不相同，拆装方法、拆装难度、拆装技巧也有很大区别，作为汽车空调清洗的作业人员，一定要有好学乐学的工作态度，不断提高自己的专业技能，学习相关的汽车空调构造知识和清洗方法。

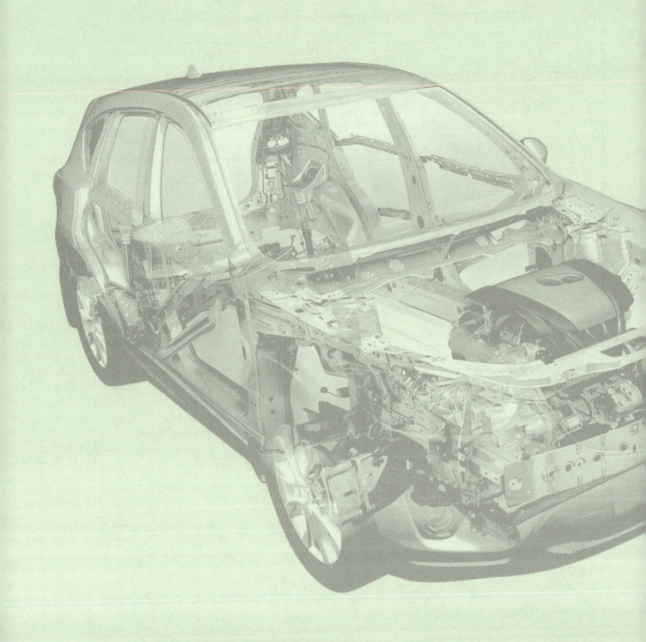

项目四 加装常见安全防护设备

在汽车上安装必要的防护或示警装置，可以最大限度地为汽车和驾乘人员提供预防性安全保护。在汽车美容作业中，常见安全防护设备的加装已经比较普遍，特别是低配车型通过加装安全防护设备，提高汽车使用的便利性和安全性，这些设备已经成为车主必须配置的行车装置。

任务一　加装倒车雷达、倒车后视

任务描述

随着汽车成为人们主要的交通工具，各类交通事故频发。从事故的比例看，倒车造成的重大事故比例较低，倒车造成的死亡事故更低，但是，由于倒车引起的车辆碰撞、擦挂事故却不少。原因在于视线盲区，通过后视镜无法观察到车尾的全部情况，并且在驾驶员经验不足的情况下，无法准确判断车尾与障碍物的距离。为了减少此类事故的发生，人们在汽车上安装了倒车雷达、倒车后视等设备，使得在倒车的时候可以通过声音或视频来告知驾驶员周围障碍物的情况，解除驾驶员泊车、倒车和起动车辆时前后左右探视所引起的困扰，并帮助驾驶员扫除视野死角和视线模糊的缺陷。因此，倒车雷达、倒车后视的加装也成了现代汽车装饰的重要内容。本任务主要介绍如何加装汽车倒车雷达和倒车后视，达到帮助驾驶员提高驾驶安全性的目的。

任务目标

完成本任务的学习后，你应能：

★ 描述倒车雷达、倒车后视的组成及工作原理；

★ 使用倒车雷达、倒车后视加装工具；

★ 记住倒车雷达、倒车后视的加装流程及注意事项；

★ 完成倒车雷达、倒车后视的加装。

建议学时：4学时。

相关知识

一、倒车雷达与倒车后视

汽车倒车雷达也称"泊车辅助装置"，是汽车驻车或倒车时的安全辅助装置。其原理是在车尾安装超声波探头，当汽车挂上倒挡时雷达自动启动驱动超声波探头探测障碍物，当遇到障碍物时，产生回波信号，传感器接收到回波信号后经控制器进行数据处理，从而计算出车体与障碍物之间的距离，判断出障碍物的位置，由显示器显示距离并发出其他警示信号。其工作原理如图4-1所示。

倒车后视也是一种泊车辅助系统，在车尾装上一个车载高清摄像头，车辆挂上倒挡时系统自动启动，把尾部车载摄像头拍下的图像通过视频连接线，传到车前的车载显示屏幕上，从而达到倒车安全的目的。其优点是可以直接看到车后情况；缺点是影像有变形，不能准确判断车离障碍物的距离，视频不能自动提醒司机。

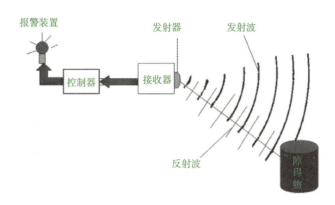

图4-1　倒车雷达基本原理

二、可视倒车雷达系统

为了能使车主在倒车时既能看见车后的影像，也能听到语音，人们将倒车雷达与倒车后视结合在一起，将两个模块整合到一台主机上，并增加摄像头设备，这样就有了现在的一体式可视倒车雷达系统。一般的可视倒车雷达系统由主机、显示器、探头、摄像头等部分组成，如图4-2所示。

- 主机：是可视倒车雷达的大脑负责接收探头的雷达信号和摄像头的视频信号，并将车辆与障碍物的位置、距离和影像传输给显示器。

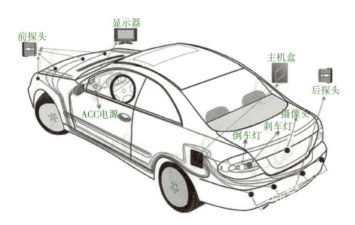

图4-2　可视倒车雷达组件

- 显示器：主要用来显示车辆当前所处位置周围的状况，包括影像及距离显示等，驾驶员可以通过显示器上的信息来辅助泊车。

- 雷达探头：用于发射和接受超声波信号。探头的数量决定了汽车倒车雷达的探测覆盖能力，汽车通常安装4个探头、6个探头或8个探头，如果车辆只安装有4个探头，一般都安装在后保险杠，如果车辆安装有6个探头以上，则前后保险杠都有安装。

- 摄像头：对于可视的倒车雷达，它采用的是高清的摄像头，能把探测到的景物传输给主机后再经显示器清晰地显示出来。

常见的倒车雷达、倒车后视加装工具和设备见表4-1。

表4-1　常见的倒车雷达、倒车后视加装工具和设备

用　品	图　片	用　途
可视倒车雷达		可视倒车雷达其实是把倒车影像与倒车雷达结合为一个整体，既可以通过视频看见车后的影像，也可以通过数字、语音提示来提示司机
开孔器		安装在普通电钻上，就能方便地在铜、铁、不锈钢、有机玻璃等各种板材的平面、球面等任意曲面上进行开孔切割
车载充电器		从汽车点烟器处取电，为汽车车载用电设备如导航、雷达等提供电源，并具有电压转换功能
手电钻		手持式电动工具，配合各种钻头可以在不同的材质上进行打孔或开孔
常用工具		略

任务实施

一、操作准备

序号	工具、设备、用品名称	数量	序号	工具、设备、用品名称	数量
1	实训车辆	1	8	电工胶布	1
2	可视倒车雷达系统	1	9	卷尺	1
3	手电钻	1	10	扎带	若干
4	开孔器	1	11	美工刀	1
5	车载充电器	1	12	橡胶管（可选）	1~2
6	钳子	1	13	记号笔	1
7	螺丝刀	1			

二、操作过程

市场上倒车雷达、倒车影像及可视倒车雷达产品很多，安装方法大同小异，下面以一款二郎神NY-2208S的可视倒车雷达系统的安装为例来简单介绍倒车雷达、倒车后视的安装过程。

安装倒车雷达、倒车后视的操作流程：确定雷达探头安装孔的位置—打孔并固定探头—安装后视摄像头—安装显示器并接好显示器电源—线路布置与连接—线路整理固定—质检。

1.确定雷达探头安装孔的位置

按照一般的安装要求，车尾雷达探头距离地面45～60 cm，最外探头距离边缘12～15 cm，用尺子确定好4个探头的位置并用记号笔或胶带等做好记号，如图4-3所示。

— 友情提示 —

在安装倒车雷达前最好断开电瓶线负极，以免在安装过程中因线头过多引起短路、起火等安全事故。

探头的安装位置不宜过低，以免会探测到地面，产生误报。

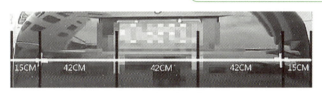

图4-3　确定安装孔位置

2.打孔并固定探头

（1）将开孔器安装在手电钻上，然后在确定好的探头位置小心地打出4个圆孔，如图4-4所示，此时孔的四周会有一些毛刺，用美工刀小心地将毛刺处理掉。

（2）将探头安装在4个圆孔上并固定好，如图4-5所示，同时将探头的线束整理好，用扎带固定穿回至后备箱。注意有的车型需拆下后保险杠再安装探头。

图4-4　打孔

图4-5　固定探头

3.安装后视摄像头

在车尾牌照灯附近找到合适的位置安装后视摄像头，用螺钉固定，如图4-6所示。将摄像头电源线与视频线从牌照灯位置牵回到后备箱，注意将线束隐蔽固定好。

4.安装显示器并接好显示器电源

倒车雷达显示器一般安装在仪表台或后视镜上，如图4-7所示为一款安装在原后视镜上的

— 友情提示 —

在安装探头的时候注意探头的方向，每个探头的背面都有一个UP或箭头标记，箭头或UP字母向上，按ABCD从左至右顺序安装。另外在安装探头的时候不应按压探头中间的圆点，那是振动区，按到的话可能会引起探头失效或误报，造成无法正常使用。

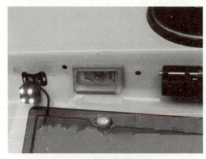

图4-6　安装后视摄像头

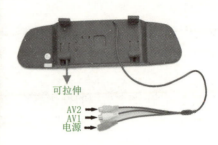

图4-7　显示器后部

图4-8　固定显示器

友情提示

　　显示器的取电方法：最简单的是从点烟器处取得，也可以从驾驶室保险丝盒中取ACC电源。

显示器，安装方法简单，直接拉伸卡子卡在原后视镜上即可，安装效果如图4-8所示。然后将显示器的线束沿着装饰板和密封胶条隐蔽布置好，将车载充电器穿过手套箱与显示器的电源接头连接，并整理好多余的线束。

　　5.线路布置与连接

　　（1）将V-OUT视频输出线与显示器的AV1视频接头连接，然后沿着左侧门框的密封条将视频线隐蔽布置好，直至后备箱安放雷达主机的位置。同时将主机的电源线与摄像头的电源线一同接到倒车灯上，并用绝缘胶带将接线处缠好，防止漏电或短路。可视雷达系统的线路连接示意图如图4-9所示。

友情提示

　　注意红色接倒车灯正极，黑色接倒车灯负极，千万不能接反，否则就会烧坏产品。

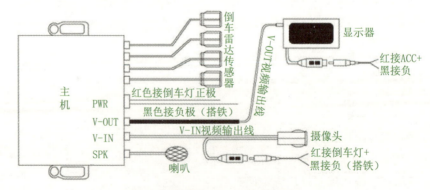

图4-9　可视雷达系统线路连接示意图

　　（2）将倒车雷达的线束、主机电源线、摄像头视频输入线、视频输出线和喇叭线接到主机对应的接口上。注意在连接雷达探头的时候需插到各自对应的接口中。主机上的接线如图4-10所示。

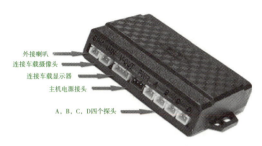

外接喇叭
连接车载摄像头
连接车载显示器
主机电源接头

A、B、C、D四个探头

图4-10　主机接线示意图

（3）待线路均连接好后，可进行通电测试，查看系统工作是否正常，4个探头是否均起作用。

6.线路整理固定

确定系统工作正常后，取出后备箱盖板，将雷达主机用背胶固定在后备箱特定的地方（有的车型已预留出位置），然后将多余的线束用扎带绑好固定，将喇叭放到尾箱合适的位置，或将喇叭线走到驾驶室左侧脚步空间内的仪表板下，并固定在继电器支架的托架上。这样可视倒车雷达系统就安装完成了。

7.质检完工

对安装好的可视倒车雷达系统进行障碍物测试，确定雷达、显示器、喇叭等工作正常。

任务检测

一、填空题

1.汽车倒车雷达探头安装时，要远离发动机排气管的高温处，同时也要保证离地高度约为_____厘米，距离车身边缘大约_____厘米。

2.可视倒车雷达一般由_____、_____、_____、_____和连接电源线、视频线等组成。

3.通常来说，_____决定了汽车倒车雷达的探测覆盖能力。

4.在汽车挂上倒挡时，系统自动_____，摘除倒挡时，系统_____。

二、倒车雷达、后视加装任务完成自检

序号	检查项目	完成情况	分析
1	探头的安装位置、松紧程度是否合适		
2	摄像头的安装角度是否合适		
3	线路的连接、布置是否得当		
4	主机的安装、连接、固定是否得当		

评价与反思

评价表

序号	项 目	考核内容	配分	评分标准	得分
1	操作前准备	倒车雷达、后视加装工具准备	5	工具准备齐全，无缺漏	
2	安全防护	检查车辆是否停稳，驻车制动可靠	5	检查后，车辆制动可靠	
3	确定探头位置	测离地高度	5	离地45～60厘米	
4		确定水平位置并作好记号	5	距车身外侧12～15厘米	
5	打孔并固定探头	手电钻的使用	5	正确使用清洗剂	
6		打孔操作	10	使用轮胎刷刷洗	
7		清理孔边缘毛刺	5	清理干净	
8		安装雷达探头	5	方向正确，松紧适当	
9		整理线束	2	整洁、美观	
10	安装摄像头	摄像头位置确定	3	位置合理	
11		固定摄像头	5	牢固无松动	
12	安装显示器	显示器的固定	5	牢固无松动	
13		显示器电源连接	5	走线正确	
14	布线、接线	主机与摄像头电源线的连接	10	无接反，包扎牢固，绝缘良好	
15		视频输出线的布置	5	整体美观，车饰无损坏	
16		主机线束连接及主机的固定	5	连接无误，固定良好	
17		整理固定多余线束	5	整洁、美观	
18	质检	检查任务完成效果	5	系统工作正常，布局美观	
19	工位清理	工具整理、场地打扫	5	工具归还无遗漏，场地打扫干净	
总 分			100	合 计	

反思

1.汽车倒车雷达系统的种类有哪些？如何选择倒车雷达？
2.汽车倒车雷达安装前的准备工作有哪些？
3.安装汽车倒车雷达的流程是什么？在安装过程中需要注意哪些问题？
4.汽车倒车影像与倒车雷达的区别是什么？

任务二　加装行车记录仪

任务描述

　　随着上路车辆越来越多，对交通的压力也在不断增大，交通事故数量一直居高不下，更有越演越烈的趋势。大街上几乎每天都会上演一幕幕交通小纠纷，各自都觉得自己有理，只有请交警来处理。有时候一点点小事故，却浪费了大量的时间，也阻碍了交通。

　　行车记录仪作为一种监控工具，能够记录汽车行驶全过程的视频图像和声音，相当于"黑匣子"，记录行车的过程，为解决产生的纠纷提供第一手的证据，保障车主权益。于是行车记录仪悄然在私家车中流行起来。本任务主要介绍如何加装汽车行车记录仪，为车主的安全行车提供有力的保障。

任务目标

完成本任务的学习后，你应能：

★ 描述加装行车记录仪的作用；

★ 记住行车记录仪的常规取电方法及保险丝盒取电方法；

★ 记住行车记录仪的使用方法；

★ 独立完成行车记录仪的安装。

建议学时：2学时。

相关知识

一、行车记录仪的作用

　　行车记录仪是记录车辆行驶途中的影像及声音等相关资讯的仪器，俗称汽车黑匣子，也有人将其形象地称为汽车电子警察。它能完整、准确地记录汽车行驶状态下的有关情况，能将汽车行驶轨迹完整地记录下来，并在记录仪屏幕或计算机上再现。其主要作用有：

　　（1）维护司机的合法权益，对遇到"碰瓷"类的敲诈勒索时为自己提供有效的证据。

　　（2）发生交通事故时，将监控录像记录回放，事故责任一目了然，交警处理事故快速准确；既可快速撤离现场恢复交通，又可保留事发时的有效证据，营造安全畅通的交通环境。

　　（3）法院在审理道路交通事故案件时，在量刑和赔偿上将更加准确和有据可依，也给保险公司的理赔提供了证据。

　　（4）喜欢自驾游的朋友，还可以用它来记录征服艰难险阻的过程。

　　（5）可在家作为DV拍摄生活趣事，或作为家用监控、停车监控使用。

二、行程记录仪的组件和安装工具

常见的汽车行车记录仪组件和安装工具见表4-2。

表4-2　常见的汽车行车记录仪组件和安装工具

用　品	图　片	用　途
翘板		翘板的材质一般为塑料，用于在安装行车记录仪布线的过程中撬开装饰板，将电源线及摄像头线隐藏于其中，使安装后的整体效果更美观
行车记录仪		在行车及停车的过程中记录汽车前面的状况，并将记录的影像和声音存储于TF卡中，具有循环录制功能
车载充电器		连接点烟器的车载充电线一般都自带降压功能，将12 V的汽车电压转换为5 V输出，可用作行车记录仪、电子狗、导航等设备的电源线
行车记录仪固定支架和吸盘		行车记录仪的固定一般有两种方法，一是用支架固定在后视镜支架上，另一种用吸盘的方式将行车记录仪吸附在前挡风玻璃上

任务实施

一、操作准备

序号	工具、设备、用品名称	数量	序号	工具、设备、用品名称	数量
1	实训车辆	1	4	车载充电器	1
2	翘板	1	5	降压线（选用）	1
3	行车记录仪	1	6	保险盒取电器（选用）	1

二、操作过程

加装行车记录仪的操作流程：固定行车记录仪—布线—插上电源，检查记录仪工作情况。

加装行车记录仪

1.固定行车记录仪

将行车记录仪安装在支架上，并将吸盘支架固定在前挡风玻璃后视镜后方的位置，连接好电源线（车载充电器），如图4-11所示。

图4-11　固定好行车记录仪

> **友情提示**
>
> 车内后视镜的后方为行车记录仪的最佳安装位置，这种安装方式不会过多遮挡驾驶员的视线，同时也能使拍摄的效果达到最佳。

2.布线

从记录仪一端开始走线，直接用手沿着挡风玻璃的上方将电源线塞进去，然后沿着副驾驶室旁的A柱将线塞进胶条，最后穿过手套箱到达点烟器的位置，将多余的线整理固定好收至手套箱后。暗线布线如图4-12所示。

图4-12　行车记录仪布线示意图

> **友情提示**
>
> 为了使安装后的效果更美观，而且不妨碍驾驶操作，建议将行车记录仪的电源线隐蔽在装饰板和胶条中。
>
> 若缝隙太小用手不方便操作，可采用翘板将装饰板和胶条撬动一下，或直接取下来待布好线后重装回去。

3.插上电源，检查记录仪工作情况

将存储卡插进记录仪主机，车载充电器插入点烟器，打开行车记录仪开关，并拧开点火钥匙，行车记录仪通电，通过行车记录仪的菜单设置自动录制。以后只要汽车通电，记录仪便会自动录制，无论汽车是处于行驶还是停车状态。

> **友情提示**
>
> 行车记录仪安装完成后再一次检查走线情况、记录仪的安装固定情况，并调整好记录仪的角度，检查录制效果。

任务拓展

一、保险丝盒取电

除了可以从中控下方的点烟器取电之外，还可以从保险丝盒取电，这样既增加了走线的隐秘性，又不占用点烟器电源，在中控位置为其他的用电设备预留出一个电源。其取电

原理如图4-13所示。

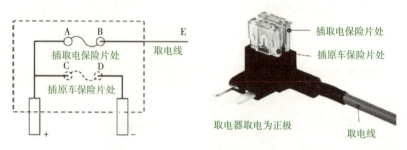

图4-13　保险丝盒取电原理

保险丝盒取电方法如下：

1.准备降压线与汽车保险丝盒取电器

行车记录仪的输入电压一般为5 V，而保险丝是12 V电压，所以应准备一个12 V转5 V的降压线，如图4-14所示。另外还需要准备一个合适的保险丝盒取电器，如图4-15所示。

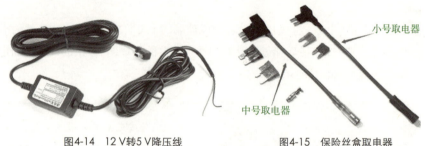

图4-14　12 V转5 V降压线　　　　图4-15　保险丝盒取电器

2.布线

（1）取下驾驶室左侧的保险丝盒盖，按照前面所讲的布线方法将降压线沿着前挡风玻璃上沿的装饰板和驾驶室一旁的A柱走暗线，并延伸到保险丝盒中，如图4-16和图4-17所示。

（2）将压线带USB插头的一端连接到行车记录仪。

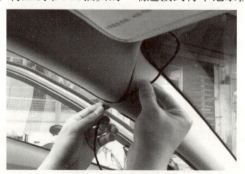

图4-16　沿驾驶室A柱布线　　　　图4-17　降压线穿进保险丝盒

3.接线

将降压线的红线与取电器连接，黑线与车身搭铁，如图4-18所示。

4.保险丝盒取电

（1）在保险丝盒中选取对应的保险丝。一般选择点烟器的保险丝取电，这样使得拧开点火开关时行车记录仪便会进入工作状态。

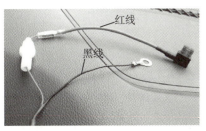

图4-18　降压线与取电器的连接

（2）将点烟器的保险片拔下来，按照取电原理图插到取电器的插座上，如图4-19所示。

（3）将取电器插回原点烟器的保险插座内，如图4-20所示。

（4）将多余的线整理好即可。

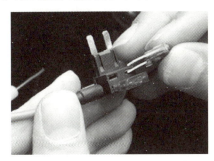

图4-19　在取电器上插上电压器保险片

图4-20　插好取电器

> **友情提示**
>
> 在将取电器插入原插座前，应先用万用表确定原插孔中的正负极端子，防止将取电器插反。

二、安装双镜头行车记录仪

现在市场上有各式各样的行车记录仪，如除了一般的单镜头行车记录仪外，还有双镜头行车记录仪、行车记录仪电子狗一体机、行车记录仪导航仪一体机等。图4-21为一款双摄像头带倒车后视的行车记录仪，不仅可以记录汽车前面的道路交通状况，还可以记录车后的情况，并具有倒车后视功能。

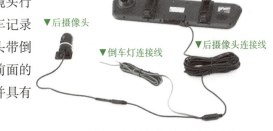

图4-21　双镜头行车记录仪示意图

其安装过程如下：

（1）将主机固定在原车的后视镜上。

（2）连接好主机的电源线，并将电源线的一端插入点烟器上，或者采用从保险丝盒取电。

（3）将后摄像头的线从前往后以走暗线的方式布好，隐藏至胶条和装饰板中，并将后摄像头粘在后挡风玻璃上方的中间位置，调整好角度。

（4）将倒车灯的连接线接好，红色线接倒车灯正极，黑色线接地线，这样行车记录仪就安装完成了。

任务检测

一、填空题

1.常见汽车行车记录仪有单镜头和_____两种类型。

2.行车记录仪的输入电压一般为_____伏，轿车点烟器的电压一般为_____伏。

3.行车记录仪除了能记录影像之外，还能记录_____、_____、_____等信息。

4.行车记录仪取电时一般在_____位置比较方便，从_____取电比较隐蔽，且不影响内室整体的整洁与美观。

二、行车记录仪加装任务完成自检

序号	检查项目	完成情况	分 析
1	行车记录仪的安装是否牢固		
2	行车记录仪的走线是否规范		
3	行车记录仪工作是否正常		

评价与反思

评价表

序号	项 目	考核内容	配分	评分标准	得分
1	操作前准备	行车记录仪加装工具准备	10	工具准备齐全，无缺漏	
2	安全防护	检查车辆是否停稳，驻车制动可靠	5	检查后，车辆制动可靠	
3	任务参与度	积极发言，认真讨论	5	纪律好，有团队意识	
4		课堂练习	5	课堂练习完成情况良好	
5	行车记录仪的固定	支架检查	5	吸盘支架完好，无破损变形	
6		记录仪与支架的连接	5	连接紧，无松旷	
7		吸盘的固定	5	吸盘与前挡玻璃的连接紧固	
8	记录仪布线	翘板工具的使用	10	能正确使用翘板	
9		前挡玻璃上方布线	5	隐蔽布线	
10		副驾驶室A柱密封条布线	5	隐蔽布线，且不影响胶条密封	
11		整理多余的线	5	整理规范，绑好固定	
12	质检	整体效果	10	无多余线头外露	
13		检查装饰板及密封条	5	无损坏，复位到位	
14		记录仪的工作情况	5	工作正常	
15	工具设备使用情况	翘板、记录仪、电源的使用	5	符合要求	
16	工位清理	工具整理、场地打扫	10	工具归还无遗漏，场地打扫干净	
	总 分		100	合 计	

任务三　加装发动机护板

任务描述

　　有车的朋友一定知道，买了新车做装饰是一个顺理成章的事情。除了贴膜、加脚垫等传统装饰以外，发动机护板是很多人选择的配件，即便车主最终没有加装也一定为此纠结过。对该不该安装发动机护板始终存在两种声音；一种是认为装了可以起到保护作用；另一种则认为装了会影响事故发生时发动机的下沉。市场上护板种类五花八门，如何抉择是很多车主遇到的困惑。

　　在日常行驶中，车轮卷起的泥沙，雨雪天气中带起的雪水都会对底盘中裸露的部件造成腐蚀，影响使用寿命。如果遇上托底情况则会更加糟糕一些。因此，安装发动机护板还是很有必要的。本任务主要讲述如何为汽车发动机加装护板，防止泥土包裹发动机，导致发动机散热不良，同时防止由于凹凸不平的路面撞击发动机而造成发动机损坏，从而延长其使用寿命。

任务目标

完成本任务的学习后，你应能：
★ 列举安装发动机护板的利弊；
★ 了解发动机护板的类型及各自的特点；
★ 知道安装发动机护板的注意事项；
★ 独立完成汽车发动机护板的安装。
建议学时：2学时。

相关知识

一、安装发动机护板的利与弊

　　汽车在设计之初出于安全方面的考虑，当发生重大碰撞时发动机会下沉，以避免发动机后移至客舱造成人员伤害。但是很多人担心如果加装了发动机护板，危急时刻会影响发动机的下沉，从而增加人员伤害的隐患，这也成为很多人放弃安装发动机护板的最大理由。从原理上看，大家的担心是有道理的。另外，车辆在行驶过程中发动机运转会产生高温，如果安装了发动机护板，透气散热性多少会受到影响，这也算是安装护板后的弊端之一。

从另一方面来看，日常行车过程中，泥沙、雪水的侵蚀会对车辆造成影响，底盘的剐蹭和稍微严重的托底也很常见，会影响或损伤车辆。为了更好地保护车辆，安装发动机护板还是利大于弊，很有必要的。

从目前在售的车型来看，原车自带护板的车型似乎不多。个别车型所谓的自带护板也只是前保险杠下沿的一个延伸，如果可以大部分包住发动机，可以正常使用；如果不能完全罩住发动机，并且材质很单薄，则很难起到保护作用。建议在选择护板的时候尽量选择韧性好，但强度不太大的产品，一旦发生猛烈撞击牺牲护板来保护乘客才是最重要的。

二、发动机护板的种类

目前市场中在售的护板产品很多，从材质上看大概分为以下几类：

● 钢质保护板：这种护板是目前车主选择最多的一种，如图4-22所示。这种护板价格便宜，另外一个明显的优势是材质坚硬，日常行驶中轮胎卷起的泥沙石子对它来说完全构不成任何威胁，即便是偶尔的托底也绝对不会对它造成破坏，哪怕严重的托底也只是轻微的变型。但这种产品的劣势也很明显，重量有二三十斤，必然会更加耗油。另外，严重事故时钢板只会变型不容易断裂，不仅会影响发动机在发生事故时的安全下沉，还存在碰撞中由于钢板变形从而率先损坏发动机的隐患，如图4-22所示。

图4-22 钢质保护板　　　　　　　　图4-23 钛合金保护板

● 树脂保护板：这种护板的价格较便宜，生产工艺简单。对于泥沙侵蚀，甚至小刮小蹭的底盘伤害可以轻松应对。只是在整体强度方面要比钢板差，虽然有一定的韧性，但是稍微严重的托底很容易破碎，不过这恰恰在发生较严重事故的时候可以帮助发动机顺利下沉。

● 铝合金（钛合金）保护板：这种护板与钢质保护板相比具有重量轻的特点，但价格高，没有回弹性，会影响发动机下沉，容易产生共振，材料强度不高，如图4-23所示。

● 合金塑钢PVC保护板：合金塑钢材料是近几年研发出来的新型高分子材料，其特点是重量轻，韧性强，抗压力强，耐腐蚀，不影响发动机下沉，但价格高。

三、发动机护板安装工具及设备

发动机护板的安装方法较为简单，常见的发动机护板安装工具及设备见表4-3。

表4-3　常见发动机护板安装工具及设备

用　品	图　片	用　途
举升机		用于举升车辆，便于维修人员在汽车底部进行维修、保养及护理作业
发动机护板固定螺栓		用于在原车的护板预留孔上安装固定后，将发动机护板紧固在固定螺钉上。注意此螺钉不易过长，以免在行车过程中刮坏螺钉
扳手		汽车维修、保养、护理的常用工具
发动机护板（合金塑钢）		对发动机起保护作用

任务实施

一、操作准备

序号	工具、设备、用品名称	数量	序号	工具、设备、用品名称	数量
1	实训车辆	1	4	发动机护板固定螺栓	1
2	举升机	1	5	发动机护板（对应车型）	1
3	套装工具（扳手）	1			

加装发动机护板

二、操作过程

加装发动机护板的操作流程：举升车辆—安装固定螺栓—安装完成并质检。

1.举升车辆

在工具准备就绪后检查举升机的状况是否正常，然后将车辆举升到合适的高度并将举升机锁止，防止意外事故的发生，如图4-24所示。

图4-24 举升车辆

> **友情提示**
>
> 在举升车辆前首先要清除举升机附近妨碍作业的器具及杂物，找准汽车的支撑部位，使汽车保持平衡。没拉上保险前不能进行后续作业。

2.安装固定螺栓

（1）在汽车底盘预留的安装孔上将几颗固定螺栓安装固定好，如图4-25所示。

图4-25 安装固定螺栓

> **友情提示**
>
> 螺栓的头和下边第一个垫片是把螺栓固定在车架上的，中间两个垫片分别在护板的上边和下边，护板的孔比较大，这样护板就能夹得的比较牢固。第三个垫片下放上一个弹簧片。小号螺栓安装在前端，大号螺栓安装在后端。

（2）在发动机护板的各个孔位的两面分别放上一个垫圈，然后将护板对准孔位安装上去，如图4-26所示。接着拧紧螺栓并使用弹簧垫圈防止松动，如图4-27所示。

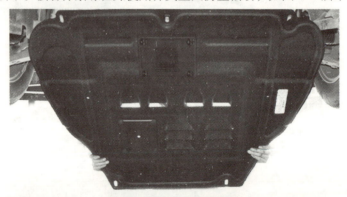

图4-26 将护板对准原车孔位

图4-27 拧紧螺栓

3.安装完成并质检

待发动机护板螺栓按顺序拧紧后检查是否安装牢固，四周是否有翘曲。安装效果如图4-28所示。

（a）侧面效果图　　　　　　　　　　（b）正面效果图

图4-28　安装后的效果图

任务检测

一、填空题

1.在使用前应清除举升机附近妨碍作业的_____，并检查_____是否正常。

2.支车时，4个支角应在_____平面上，防止车辆发生倾斜。

3.铝合金（钛合金）保护板与钢质保护板相比，优点是_____，但强度_____，出现碰撞不易复位，有_____现象。

4.合金塑钢材料的发动机护板具有很强的_____性，耐冲击。

二、发动机护板加装任务完成自检

序号	检查项目	完成情况	分析
1	是否对举升机进行安全检查，操作过程是否正确		
2	固定螺钉安装是否牢固		
3	护板的安装是否有牢固		
4	场地是否执行5S标准		

评价与反思

评价表

序号	项目	考核内容	配分	评分标准	得分
1	操作前准备	发动机护板加装工具准备	10	工具准备齐全，无缺漏	
2	安全防护	检查举升机是否停正常	10	检查后，设备正常	
3		举升机支脚高度调整	5	同一高度	
4	举升车辆	找准支点位置	10	支点位置正确	
5		举升到合适高度时锁止举升机	10	车辆支撑平稳	

续表

序号	项 目	考核内容	配分	评分标准	得分
6	安装固定螺钉	在原车对应的预留孔安装好固定螺钉	10	固定螺钉安装正确	
7		紧固螺钉	10	紧固力矩适当，无松动	
8	安装发动机护板	对准孔位，加装垫片	5	是否加装平垫片	
9		螺母防松	5	安装弹簧垫圈	
10		拧紧螺母	10	紧固力矩适当	
11	质检	检查任务完成效果	5	护板安装牢固	
12	工位清理	工具整理、场地打扫	10	工具归还无遗漏，场地打扫干净	
	总　分		100	合　计	

反思

1.安装发动机护板的作用是什么？分别有哪些利与弊？

2.目前市场上主要有哪几种类型的发动机护板，各有什么特点？

3.举升机的安全操作规程有哪些？

任务四　底盘"装甲"

任务描述

常言道，烂车先烂底。由此可见，无论汽车的外表是多么光鲜靓丽，底盘的好坏才是汽车保值保价的关键。近年来，车主们的汽车保护意识也逐渐提高，越来越多的人意识到底盘护理的重要性。在国外，底盘防锈受到高度重视，因为底盘生锈会破坏车架原有的支撑力。在汽车消费比较成熟的地区，新车落地，超过九成的车主第一件事就是做底盘防锈。底盘"装甲"是高档车的必备，像奔驰、宝马这些高档车在出厂时就有比较完善的底盘防护措施。同时，底盘装甲具有无毒、高遮盖率、高附着性，可喷涂在车辆底盘、轮毂、油箱、汽车下围板、行李箱等暴露部位，快速干燥后形成一层牢固的弹性保护层，犹如给车的底盘穿上一层厚厚的铠甲，可防止飞石和沙砾的撞击，避免潮气、酸雨、盐分对车辆底盘金属的侵蚀，防止底盘锈蚀，保护车主的行车安全。其次，底盘"装甲"还能防止底盘螺丝的松脱，降低行驶时噪声的传导，增加驾驶宁静感，阻止底盘铁板热传导，使驾驶室内冬暖夏凉。本任务主要是对底盘进行清洗并进行封塑处理（装甲），达到汽车底盘防腐蚀、防石击等目的，延长汽车底盘的使用寿命。

任务目标

完成本任务的学习后，你应能：

★ 描述汽车底盘"装甲"的方法及注意事项；

★ 使用汽车底盘"装甲"工具；

★ 记住汽车底盘"装甲"的工艺流程；

★ 独立完成汽车底盘"装甲"作业。

建议学时：4学时。

相关知识

底盘"装甲"，也称底盘封塑，是近年底盘防锈护理中出现的新项目，是指在汽车底盘的下面喷涂一层2～4 mm厚的弹性密封材料，保护底盘免受潮气、酸雨、盐分等的侵蚀以及飞石和沙粒的撞击。底盘"装甲"是对这一技术的形象描述。

一、底盘"装甲"的作用

1.防敲击

在汽车行驶过程中，难免会溅起　　　　　　　底盘造成撞击，长此以往会对汽车底盘造成较大的损害。而安装了汽　　　　　　　　可以减轻碎石子对车底盘的伤害，保护汽车底盘的健全。

2.防拖底

在不同的路段，难免会有一些凸起的地方会对汽车底盘造成磨损。如果增加了汽车底盘"装甲"，则可以减轻汽车底盘的磨损，更大程度地保护汽车底盘。

3.防腐蚀

在南方雨季较多，在行车时，很容易就把酸雨溅入汽车底盘内，长此以往会对汽车底盘造成腐蚀。而且每次洗车后的污水也会在底盘上有所残留，进而腐蚀汽车底盘。安装汽车底盘"装甲"则可以防止腐蚀。

4.隔热

在炎炎夏日，面对极高的地表温度，汽车底盘容易把热气传导至车内。如果安装了汽车底盘"装甲"，则可以较大程度地将热量隔绝在车外，保持车内的温度，从而减少油耗。

二、底盘"装甲"的种类

● 含沥青成分的底盘防锈胶：这是第一代的底盘"装甲"产品，主要的优点是价格便宜，但是，沥青在干了以后会产生龟裂，有很多裂缝，藏在裂缝里的水会造成"电池效应"，使车底盘的锈蚀更加厉害，对车的危害会更大，目前已经基本被淘汰。

● 油性（溶剂性）底盘防锈胶：这是第二代底盘"装甲"产品，其中的稀释剂多为甲苯，是对人体有害的剧毒成分。施工后形成的胶层很硬，容易开裂，隔音效果也一般。此产品也不推荐使用。

● 水溶性底盘防锈胶：它又称环保型底盘防锈胶，现在欧美国家大多是选用这类产品。此产品附着力强，胶层弹性较好，底盘隔音效果显著，但施工受温度、湿度的影响较大，耗时较长。

● 复合高分子树脂漆：这是第四代环保快干型底盘"装甲"，具有高防水性、高弹性、高防腐性、高吸音降噪性，并在环保的基础上运用其独特的深层电离四元接枝技术，将4种不同性能的高分子材料融为一体，它不受湿度、温度的影响，大大缩短了施工时间，只有以往的底盘"装甲"固化时间的1/4，极大地方便了车主和施工人员。

底盘"装甲"常见品牌：固盾、3M、汉高、伍尔特、霍尼韦尔、雷朋、保赐利、标榜等。

三、底盘"装甲"的用品及工具

常见的汽车底盘"装甲"的用品及工具见表4-4。

表4-4　常见底盘"装甲"的用品及工具

用　品	图　片	用　途
底盘"装甲"喷枪		底盘"装甲"配套的专用喷枪完全符合底盘"装甲"对喷涂的技术要求，配有标准的气泵管路快插接口，即插即用，操作简单方便
防毒口罩		一般由滤毒盒或滤毒罐和面罩主体组成。面罩主体隔绝空气，起到密封作用；滤毒盒或滤毒罐起到过滤毒气和粉尘的作用。主要用于含有低浓度有害气体和粉尘的作业环境
底盘"装甲"		复合高分子树脂型，具有防腐蚀、防石击、防震、隔热省油、隔声降噪、防拖底等作用

任务实施

一、操作准备

序号	工具、设备、用品名称	数量	序号	工具、设备、用品名称	数量
1	实训车辆	1	5	底盘"装甲"喷枪	1
2	高压洗车设备	1	6	底盘"装甲"产品	4~6
3	防毒口罩	1	7	遮蔽纸	若干
4	防护服装	1	8	吹枪	1

二、操作过程

底盘"装甲"的操作流程：清洁汽车底盘—遮蔽非施工区—喷涂底盘—轮拱及翼子板喷涂—完工复位。

1.清洁汽车底盘

（1）将汽车举升至合适的高度，拆下车轮，用高压水枪冲洗汽车底盘，去除残留在底盘上的淤泥和浮土等污物。

（2）继续对底盘进行进一步清洁，清除底盘的锈迹和拐角处的尘土及污物并用吹枪等设备将底盘的水分吹干，如图4-29所示。

图4-29 冲洗底盘

> **友情提示**
>
> 车辆底盘要仔细清洗，用吹水枪将缝隙中的水吹出，并用毛巾将水擦干，确保不留一处死角；否则底盘"装甲"容易脱落，不能为底盘实现最大程度的防护。

2.遮蔽非施工区

由于底盘"装甲"为树脂材料，遇热会融化并散发出刺鼻气味，因此需要对工作温度很高的排气管路进行遮蔽；其次还需要遮蔽刹车装置，避免材料飞溅到刹车卡钳等位置上影响刹车装置的工作；另外还需要将发动机油底壳、变速箱、转向系、传动轴和悬架的铰接点、传感器等非施工部位进行遮蔽保护，如图4-30所示。

图4-30 底盘"装甲"非施工部位遮蔽

> **友情提示**
>
> 遮蔽保护时可用遮蔽纸或报纸遮蔽，尤其要注意将车身上的传感器和减震器遮盖好，否则将给汽车带来安全隐患。

3.喷涂底盘

完成遮蔽保护之后穿戴好防护服装并戴好防毒口罩，将瓶装的底盘"装甲"按使用说明拧紧至专用喷枪上，并将喷枪连接上压缩空气便可以开始喷涂作业了，如图4-31所示。

一般在施工时需对底盘喷涂三遍，根据当天气温，每喷涂一遍需要有15~30 min的间隔。底盘"装甲"的效果如图4-32所示。

4.轮拱及翼子板喷涂

待底盘喷涂施工完毕后，接下来将对轮拱及翼子板内侧等细节处进行材料的喷涂，完成底盘"装甲"的喷涂施工，如图4-33所示。

5.完工复位

等底盘涂层完全固化过后，拆除报纸等遮蔽纸，安装好轮胎和轮拱内衬，并对车身及相关部位进行检查，确保喷涂的效果，如图4-34所示。最后清理作业现场。

图4-31 底盘"装甲"喷涂

图4-32 底盘"装甲"效果图

图4-33 轮拱及翼子板喷涂

图4-34 装复轮胎

友情提示

喷涂时要保证喷枪缓慢匀速移动，以达到喷涂均匀的效果。

避免在阴雨的天气状况下施工。因为这样不利于涂料的及时干燥，往往会直接影响底盘"装甲"的实际效果。

全部施工完成后，一般要24 h之后才能自燃干燥，在这期间，应避免涉水行驶。

任务检测

一、填空题

1.汽车底盘"装甲"的作用主要有_____、_____、_____、_____、以及_____、_____等。

2.汽车底盘"装甲"到目前为止大致经历了_____个发展阶段。

3.底盘"装甲"施工部位是_____、_____、_____和_____，施工人员戴上_____。

4.底盘"装甲"具有一定的厚度，是通过多次喷涂逐渐加厚的，下一次喷涂应在前一次涂层_____的基础上进行。

5.一般对于_____材质的部件建议不用喷涂。

二、汽车底盘"装甲"任务完成自检

序号	检查项目	完成情况	分 析
1	底盘的清洁是否彻底		
2	非施工部位防护是否到位		
3	底盘"装甲"涂层是否均匀		
4	"装甲"残留物是否清除		

评价与反思

评价表

序号	项 目	考核内容	配分	评分标准	得分
1	操作前准备	底盘"装甲"工具准备	5	工具准备齐全，无缺漏	
2	安全防护	检查车辆是否停稳,支撑是否可靠	5	检查后，车辆支撑可靠	
3	拆卸车轮	轮胎螺丝的拆卸力矩	3	先预松再拧下	
4		轮胎螺丝的拆卸顺序	2	对角拆卸	
5		轮胎的摆放	2	按顺序放置	
6		取下挡泥板	3	不妨碍喷涂作业	
7		举升车辆并锁止	5	安全，稳定	
8	清洗底盘	高压水枪的使用	5	正确使用高压清洗设备	
9		吹干水分	5	使用吹水枪将底盘水分吹干	
10		用清洁剂将底盘锈迹清除	5	底盘无锈迹	
11		死角清洁并擦干	5	底盘死角无残留，无污物	
12	遮蔽	遮蔽排气管道	5	保护非施工部位不妨碍施工区域	
13		遮蔽制动装置	5	同上	
14	遮蔽	遮蔽其余非施工部位	3	同上	
15		遮蔽车身	2	同上	
16	底盘喷涂	做好个人安全防护	5	佩戴好防护服及口罩	
17		正确使用喷涂工具设备	5	按照使用说明	
18		正确喷涂底盘	10	匀速移动，无遗漏	

续表

序号	项　目	考核内容	配分	评分标准	得分
19	轮拱、翼子板内衬喷涂	喷涂轮拱及翼子板内衬	10	匀速移动，无遗漏	
20	质检	检查任务完成效果	5	喷涂均匀无遗漏	
21	工位清理	工具整理、场地打扫	5	工具归还无遗漏，场地打扫干净	
总　分			100	合　计	

反思

1.底盘"装甲"水性和油性有什么区别?
2.为什么底盘"装甲"的附着力时好时差?
3.哪些车需要做底盘"装甲"? 做底盘"装甲"有什么作用?
4.为什么不宜在排气管道进行底盘"装甲"?

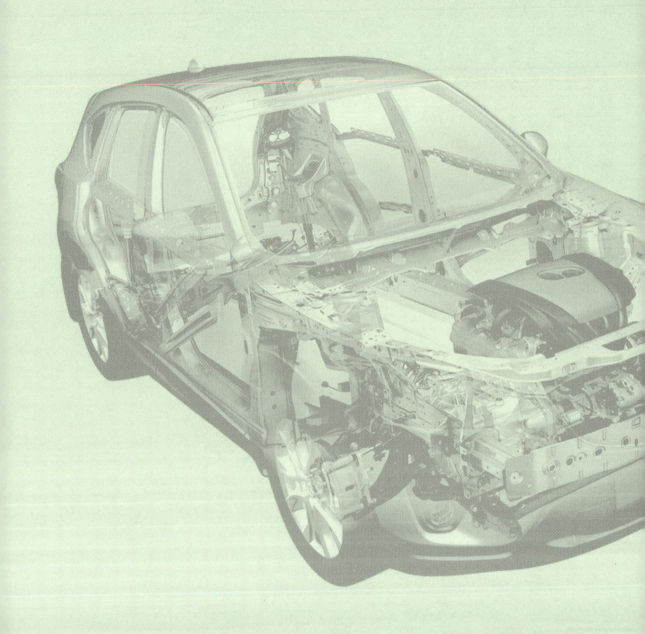

项目五 汽车电器装饰

　　汽车电器装饰是为了满足部分车主使用要求或个性化要求，在不改变原车电气设备功能和线路布排的基础上添加电器。因此，要求施工人员有一定的汽车电器技能，并且能按照施工标准和工艺严格执行。本项目选取非常流行和适用的车载导航一体机的安装和有一定施工难度的氙气灯安装两个任务进行。

任务一　安装车载导航一体机

任务描述

　　由于车载导航被定位为高档配置的汽车电子产品，近年来，汽车生产商普遍采取分级装配的策略，顶级、豪华版高端车型才会配置车载导航产品，一般的标准版、舒适版车型都没有将车载导航作为标准配置。而随着车载成本的降低和选择的多样化，消费者对导航产品认知度的大幅提升以及消费体验的逐年增强，车载导航系统将逐步从中高端车型走向普及化。

　　随着国内汽车保有量的增加，人们出行与消费观念的改变，对道路不熟悉的驾车人数正在迅速增加，安全便捷地到达目的地成为消费者的一个迫切需求。另外，汽车交通安全隐患的排除与处理、现代物流所要求的货物运送安全与准时、出租与旅游行业的发展以及政府日常行政管理等各个方面的需求，也将促进汽车车载导航系统装配率的提升。车载导航装置不再是高档豪华轿车的象征和专用品，而已扩展到大客车、出租车甚至载货汽车，就连经济型车辆也用了上车载导航装置。特别是中国开创的汽车导航专车专用方案，以其安装方便、不影响汽车外观及性能而得到客户的高度认可，车载导航产品向中低档车型普及已经成为市场发展的必然趋势。我们以福克斯08款为例给大家介绍车载导航一体机的安装方法。

任务目标

　　完成本任务的学习后，你应能：
　　★ 拆卸原车CD机；
　　★ 使用拆装工具；
　　★ 记住车载导航一体机安装流程；
　　★ 独立完成车载导航一体机安装。
　　建议学时：2学时。

相关知识

　　车载导航一体机是一种集DVD、MP4、MP3播放、收音机和导航功能于一体的车载主机，它一般用来取代原车的CD主机。如果是专车专用设计，它的电源插头、音响线将与原车完全对插，不改变原车任何线路，并且外观、尺寸与原车风格统一。有视频输入口的还可加装倒车摄像头使用。

一、导航系统简介

为汽车驾驶员指路的卫星导航系统要正常工作主要包含4个方面的内容：卫星信号、信号接收、信号处理和地图数据库。

1.卫星信号

汽车卫星导航系统需要依靠全球定位系统（GPS）来确定汽车的位置。最基本的情况是GPS需要知道汽车的经度和纬度。在某些特殊情况下，GPS还要知道海拔高度才能准确定位。有了这3组数据，GPS定位的准确性经常可以达到2～3 m。

因为GPS需要汽车导航系统在同步卫星的直接视线之内才能工作，所以隧道或高层建筑物都会挡住直接视线，使得导航系统无法工作。再者，导航系统是利用三角、几何的法则来计算汽车位置的，所以汽车至少要同时在3个同步卫星的视线之下，才能确定位置。在导航系统直接视线范围内的同步卫星越多，定位就越准确。当然，大多数的同步卫星都是在人口密集的大都市的上空，所以当你远离城区时，导航系统的效果就会受影响甚至根本不能工作。

2.信号接收

GPS系统的工作原理是解析从同步卫星那里接收到的信号。投影在竖直的平面上，这些信号可以形象地表示为一个个的倒漏斗形。当这些"漏斗"的下半部分有一定的重叠时，GPS的解析程序就能够计算出汽车所在位置的坐标。在汽车行驶的过程中，一个类似于飞机或轮船导航用的陀螺仪的装置，可以连续地提供汽车的位置。当卫星信号有所间断时，计速器所提供的数据就用来填补其中的空白，并用来记载行驶时间。

3.信号处理

GPS接收到的信号和计速装置所提供的信息，要通过接收器提供给汽车导航系统，并由软件系统分析处理，重叠在存储的地图之上。

4.地图数据库

当GPS提供的坐标信息重叠到电子地图上时，驾驶员就可以看出自己的位置以及未来的方向。这最后一个环节称为成图，也是车载导航系统中最重要的一环。离开了成图，导航系统就等于没有了方向。

二、汽车导航分类

1.按车型分类

- 专车专用型DVD导航：一个机器专配一款车型（多数需拆除原车CD）。
- 通用型：加框可改装各种车型。
- 分体机：专车专用导航细分产品，不拆除原车CD等零部件，升级DVD导航产品。

2.按使用功能分类

有传统手写导航和声控导航两种。

安装车载导航一体机的工具见表5-1。

表5-1　安装车载导航一体机的工具

用　品	图　片	用　途
塑料撬板		主要用于拆卸音响、车门内饰板、导航仪表门板
试电笔		汽车电路通断检测
剥线钳、尖嘴钳		剥削、剪切导线，固定小螺母
绝缘胶布		绝缘、包扎线束
多功能螺丝刀套件		旋动螺丝、螺母

任务实施

一、操作准备

序号	工具、设备、用品名称	数量	序号	工具、设备、用品名称	数量
1	实训车辆	1	4	剥线钳、尖嘴钳	1
2	塑料撬板	1	5	绝缘胶布	1
3	试电笔	1	6	多功能螺丝刀套件	1

二、操作过程

安装车载导航一体机的操作流程：拆卸原车CD机— 拆下原厂面板的固定螺丝—观察

加装车载DVD及倒车影像

固定螺丝孔—线束连接—线束走线—线束插接—启动试机。

1.拆卸原车CD机

在原车CD的4个角有4个小孔，用塑料撬棒套装工具中的扁平钥匙直接插入就可拆下CD机，如图5-1所示。

图5-1　拆下CD机

友情提示

原车CD后面只有一个接线口和一个天线插口，看上去很简洁，不同品牌的车辆可能会有所不同，如图5-2所示。

图5-2　CD机后部接口

2.拆下原厂面板的固定螺丝

先拔掉原车的总线插座，再用多功能螺丝刀拧开螺丝，然后轻扣两边拆下面板，如图5-3所示。

友情提示

拔插时要格外小心，切忌使用蛮力，否则容易损坏零部件。

图5-3　拆除原固定面板

3.观察固定螺丝孔

在车上边框的中间有个螺丝孔，导航一体机的固定架中间也有螺丝孔与之对应，可以把固定架安装到此位置，如图5-4所示。

图5-4　导航一体机固定部位

4.线束连接

取出导行一体机的匹配线束直接与原车插头连接，如图5-5所示。

图5-5　线束连接

5.线束走线

用塑料扳子撬开A柱，取出导航一体机的GPS天线埋在A柱里，并把GPS天线通过方向盘下方空间引入中控台，如图5-6所示。

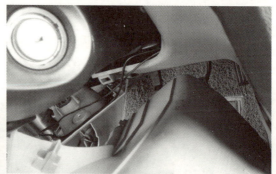

图5-6　GPS天线线束走线

6.线束插接

（1）正确插上GPS天线和收音机天线插头，若有行车记录仪和倒车后视等需要把各插头插在相应的插头上。

> **友情提示**
>
> 各线束用扎带捆扎紧固，避免行驶过程中产生异响和摩擦。

（2）将导航一体机放入车内，固定四角的固定螺丝即安装完毕，如图5-7所示。

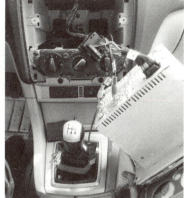

图5-7　各类线束插接

7.启动试机

通电后,机器启动,检查各功能是否正常工作，如图5-8所示。

图5-8　启动试机

任务检测

一、简答题

　　1.汽车导航一体机分为哪几类?

　　2.拆卸原车CD需要哪些工具?

二、安装车载导航一体机任务完成自检

序号	检查项目	完成情况	分　析
1	画出导航电路原理图		
2	测试原车线路		
3	检查破线绝缘恢复		
4	安装好后检查各功能		

评价与反思

评价表

序号	项　目	考核内容	配分	评分标准	得分
1	操作前准备	安装工具准备	10	工具准备齐全，无缺漏	
2	安全防护	检查车辆是否停稳，驻车制动可靠	5	检查后，车辆制动可靠	
3	拆下原车CD	取下原车CD机身	10	接头完好	
4		取下原车面板	5	防水橡皮罩完好	
6	安装一体机	安装固定架	10	做到灯组完好	
7		GPS天线走线	10	确保灯泡已经完全固定吻合	
8		线束连接	10	确认防水圈与防水罩密合	
9		试机	10	固定牢固，以免脱落	
10		安装固定	10	正负极安装无误，各接口安装到位	
11	质检	启动引擎，再开一体机	10	15分钟内没有异常	
12	工位清理	工具整理，场地打扫	10	工具归还无遗漏，场地打扫干净	
	总　分		100	合　计	

反思

1.拆卸原车CD的注意事项有哪些？
2.安装好导航后，收音机收不到电台会是什么原因？
3.安装好导航后，倒车后视不显示图像，可能的原因是什么？

成长领航

　　车载导航一体机安装是一项涉及汽车电路的作业项目，可能会新增电路或者对原车电路进行改造。作业人员一定要做好电路的绝缘处理和电线固定，避免使用过程中产生漏电或者短路情况，轻者相关电器功能失效、电瓶耗电快，重者因电线短路起火导致车辆自燃，因此作业人员除有扎实的专业知识和技能外，更要有为客户安全负责的意识，排除和避免各种安全隐患。

任务二　安装氙气大灯

任务描述

　　眼睛是人心灵的窗户，汽车亦是如此。汽车的眼睛就是一双透着亮光的大灯。汽车如果没有灯是一件非常危险的事情，尤其是在夜间行驶时，没有灯光照亮行驶的路面，是无法正常行驶的，因此掌握一些大灯的安装技术和工作原理是非常必要的。现在各式汽车所安装的大灯种类更是琳琅满目，市面上比较常见的一种是氙气大灯。

任务目标

完成本任务的学习后，你应能：

★ 判断氙气大灯的开闭状态；

★ 使用氙气大灯安装工具；

★ 记住氙气大灯的安装流程；

★ 独立完成氙气大灯的安装或更换。

建议学时：2学时。

相关知识

一、氙气灯的基本原理和优点

氙气灯，在汽车车灯领域也称为HID气体放电式头灯，它是采用高压电流激活氙气而形成的一束电弧光，可在两电极之间持续放电发光。高压氙气替代传统的钨丝，可以提供更高色温、更聚集的照明，其亮度是传统卤素灯泡的3倍，使用寿命比传统卤素灯泡长10倍。要达到同样亮度的灯光，普通汽车钨丝灯泡的功率需要达到55瓦，而氙气灯仅需35瓦，降低近1半，因此氙气灯可明显减轻车辆电力系统的负担。氙气灯的光线穿透力强，可以提高夜间和大雾天气的行车安全。

二、氙气灯的组成

氙气灯一般由灯头（氙气灯泡）、安定器（也称电子镇流器、稳压器）、线组控制盒组成。

● 灯头：仔细观察就会发现，氙气灯灯头是没有灯丝的，利用电极之间产生电流，促使氙气分子碰撞产生亮度，不存在钨丝烧断的问题（有钨丝的都不能称为氙气灯）。

● 安定器：利用蓄电池12 V的直流电压，经过一系列的转换、控制、保护、升压、变频等动作后，产生一个瞬间23 000 V的点火高压对灯头进行点火，点亮后再维持85 V的交流电压，启动电流8 A左右，工作电流4 A左右。

● 线组：一般采用阻燃材料做成，通过加大电源线的截面积，提高了电流通过能力，保证了氙气灯的正常工作，部分H4型号的氙气灯配继电器线组进行工作控制。

三、如何选购氙气灯

氙气灯的型号和卤素灯泡是一一对应的，将卤素灯泡改装为氙气灯的时候，也需要选用与原来卤素灯泡相同的型号。

具体选购时可以从以下几方面考虑：

（1）注意产品的出处，不选假冒名牌，最好选择进口知名品牌或国内有技术专利厂家生产的成套氙气灯。

（2）注意欧盟的e—mark认证。欧盟的e—mark认证是世界公认的技术标准，如果氙气灯产品获得此认证，表示其质量有保证。

（3）仔细查看产品的工艺是否细致，如安定器使用的固定支架等，这些地方平常很难引起人们的注意。

（4）氙气灯的色温并非越高越好，氙气灯的色温通常为4 000～6 000 K，如果达到8 000 K及以上，反而会使照明效果下降。氙气灯的色温有4 300 K、6 000 K、9 000 K等几种。

任务实施

一、操作准备

序号	工具、设备、用品名称	数量	序号	工具、设备、用品名称	数量
1	实训车辆	1	4	螺丝刀	1
2	扩孔器	1	5	剪刀	1
3	胶带	1	6	专业手套	1

二、操作过程

（1）让汽车引擎冷却10 min，避免安装时被水箱、引擎、大灯等发热部件烫伤，如图5-9所示。

（2）将大灯灯具卸下，同时将大灯接头、防水橡皮罩及旧灯泡取下，如图5-10所示。

（3）取出氙气灯灯组，将氙气灯泡安装在大灯座上，如图5-11所示。

安装氙气
大灯

图5-9 冷却

图5-10 拆卸卤素灯泡

图5-11 安装氙气灯泡

友情提示

要确保灯泡已经完全固定吻合，以防止灯泡底座变形。

在安装过程中避免划伤灯泡。不要用手接触灯泡玻璃体，因为一旦手上的油脂沾到灯泡玻璃上，会引起散热不均而导致灯泡过早损坏。

（4）在车灯防水罩后面打一个合适的小孔（使用安装倒车雷达时所用大小的钻头），将灯座引线牵出，如图5-12所示。

友情提示

要确认防水圈和防水罩密合。

图5-12　钻孔

（5）将引出线与镇流器安装在汽车的合适位置，并固定牢固以免脱落，如图5-13所示。

友情提示

尽量远离热源、线路、易进水和油污的地方。

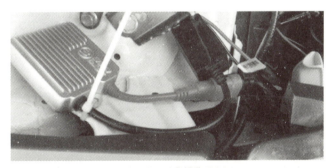

图5-13　固定镇流器

（6）将镇流器输入电源端与大灯供电端连接，如图5-14所示。

图5-14　镇流器电源连接

（7）检查上述所有步骤，确认正确安装无误、各接口安装到位，即可接通电源打开大灯。

> **友情提示**
>
> 氙气灯安装注意事项
>
> ①先将要安装的氙气大灯系统的蓄电池点亮，查看在运输过程中是否有损坏。
>
> ②检车氙气灯装入车子的近光遮光罩时是否会顶到前壁，顶到时会有漏电而导致点灯不亮或点灯熄灭的情况发生。
>
> ③安装安定器的电源端与车子的电源极性相同。车上的电源端红色为正极，黑色为负极；安定器的电源端红色为正极，黑色为负极。
>
> ④安装氙气灯系统时，建议将左右大灯保险丝提高安倍数，如10～15 A。
>
> ⑤如果可以正常点亮灯，关掉车子的大灯电源，将安定器及触发器安装到通风良好的地方。
>
> ⑥检查各接口一定要安装牢固，并做好电线接口绝缘和防水处理。
>
> ⑦氙气灯照明系统会产生强烈光束，请不要直视光源。

（8）关掉电源，将大灯灯具安装回车体，并确保牢固。

（9）再次打开大灯，检查大灯的照射高度和距离，并用大灯测光调节仪做适当调整，以免眩光过强。

（10）启动引擎，再次打开大灯，点亮15 min后没有异响，即安装完毕。

任务检测

一、填空题

1.氙气灯的亮度是传统卤素灯泡的_____倍，使用寿命比传统卤素灯泡长_____倍。

2.氙气灯一般由_____、_____、_____组成。

二、氙气大灯安装任务完成自检

序号	检查项目	完成情况	分　析
1	氙气灯安装罩内是否有异物		
2	氙气灯是否干净、光亮		
3	安装的内接头包扎是否完好		
4	安装完成后异物是否清除		

评价与反思

评 价 表

序号	项 目	考核内容	配分	评分标准	得分
1	操作前准备	安装工具准备	10	工具准备齐全，无缺漏	
2	安全防护	检查车辆是否停稳，驻车制动可靠	5	检查后，车辆制动可靠	
		让引擎冷却10 min		待发热部件完全冷却	
3	拆下大灯灯具	取下大灯接头	5	接头完好	
4		取下防水橡皮罩	5	防水橡皮罩完好	
5		是否按照一定顺序拆卸	5	从里到外拆卸	
6	安装氙气大灯	取出氙气大灯组	5	做到灯组完好	
7		将氙气灯灯泡安装在大灯座上	10	确保灯泡已经完全固定吻合	
8		在防水罩后面打一个合适的小孔，将灯座引线牵出	5	确认防水圈与防水罩密合	
9		将灯引出线与镇流器引出线组装好，安装在合适位置	10	固定牢固，以免脱落	
10		将镇流器输入电源端与大灯供电端连接	5	正负极安装无误，各接口安装到位	
11	检测安装	检查上述步骤，接通电源打开大灯	10	是否通电亮起	
12		关掉电源，将大灯灯具装回车体	5	固定牢固	
13		再次打开大灯	5	大灯所照射高度和距离适当	
14	质检	启动引擎，再开大灯	5	15min内没有异常	
15	工位清理	工具整理、场地打扫	10	工具归还无遗漏，场地打扫干净	
	总 分		100	合 计	

反思

1. 汽车大灯有哪些种类？氙气大灯的特点是什么？
2. 氙气大灯和其他类型的大灯在使用时有什么区别？